谨·以·此·书

献给玉泉小学的老师和孩子们

重新发现学校

高峰 著

中国人民大学出版社

· 北京 ·

目录

自序　重新发现了什么　/ 001

I / 003

还有些教育在蚂蚁那儿

还有些教育在蚂蚁那儿　/ 005
观照学校的历史　/ 006
校园文化建设不能一蹴而就　/ 008
德如玉，智如泉　/ 009
学校是教育的栖居地　/ 010
在两难中进行选择　/ 011
孩子需要富养　/ 013
爱秀带来的启示　/ 014
升旗的高度　/ 015
礼仪问题　/ 016
细节在你眼中　/ 018
为什么校长吃双份　/ 019
适性的教育　/ 021
办出学校特色　/ 022
谈谈开学这件事　/ 024
建设高品质的校园　/ 026
办优质学校需要付出辛劳和智慧　/ 027
等待下一个季节的到来　/ 028

II / 031

校长办公室里的那个人

校长办公室里的那个人 / 033
校长不应是麻烦制造者 / 034
带一个“长”字有什么了不得？ / 035
教育家校长的绝版 / 036
站在校门口数星星 / 037
校长的职业定位 / 038
学生教我做校长 / 040
校长的假期 / 041
校长要有“亲”学生 / 043
过一种不抱怨的生活 / 044
给点儿阳光就灿烂 / 045
做一个追梦的人 / 046

III / 051

为老师铺上红地毯

为老师铺上红地毯 / 053
老师这个群体 / 054
老师是孩子生命中的贵人 / 055
教师不是一个职位 / 056
向这样的名师致敬 / 057
玉泉花 / 059
无限相信老师 / 060
夸夸我们的好同事 / 061
牧者的智慧 / 063

教师的“那桶水” / 064
好教师在孩子和家长们的心里 / 065
每一朵花儿都烂漫 / 066
体育教师应是校园的一张名片 / 067
学会尊重老师的劳动 / 069
老师要拯救自己的孩子 / 071
关注教师的生命状态 / 072
聆听每一位老师的声音 / 073
找到教师职业发展的基点 / 075
别人的表扬比校长的更有力量 / 076
一起上路 / 077
一“校”菊香 / 078
送你一束玫瑰花 / 079
幸福的“家” / 080

IV / 083
是“学”校，还是“教”校

是“学”校，还是“教”校 / 085
教无定法 / 086
当评委的一点感想 / 087
有效教学的起点 / 088
教学过程也是检测过程 / 090
课堂要“润物细无声” / 091
“听、说、读、写”辨析 / 093

让语文更像语文 / 094
数学是“想”的课程 / 095
艺术课要慢下来 / 096
“磨课”的价值 / 097
是“快餐”，还是“营养餐” / 099
什么是最好的课程 / 100
让课程适合孩子的成长 / 102
把包容做成课程 / 103
“虚课程”也是课程 / 105
“破坏课”也是一种创造课 / 107
十大好玩课程 / 109

V / 111
邻居家那个皮小子

邻居家那个皮小子 / 113
谁是真正的劳动者 / 114
孩子们的世界 / 116
由猫想到教育学 / 117
满脑子都是我们的孩子 / 118
建设一个书声琅琅的校园 / 120
校园里什么最重要 / 121
打手是如何“制造”出来的 / 122
对北京创造力的反思 / 124
为儿童种下一粒种子 / 125

孩子吃饭这件事 / 127
学生也是教育资源 / 128
一元钱与一粒种子 / 130
远足的胜利 / 131
一个孩子的体育课 / 133
有关问题学童 / 134
把全校老师当作亲戚的孩子 / 136
离校课程 / 137
是石头竭力开花的时候了 / 139

VI / 141
站在孩子背后的那些人

站在孩子背后的那些人 / 143
幸福教育从回家开始 / 144
孩子成长的秘密 / 146
向左教育学，向右社会学 / 147
找不到两片相同的树叶 / 149
心平气和做家长 / 150
老师与家长的冲突问题 / 152
让“家校联合母舰”起航 / 153
给家长的一点教育忠告 / 155
我们的那些家长 / 156
开发家长的教育资源 / 157
要等那朵花儿慢慢盛开 / 159

VII / 161
教育拒绝速度

教育拒绝速度 / 163
教育常常是出人意料的 / 164
学校是让孩子失败的地方？ / 165
别拿萝卜当咸菜 / 167
谁“杀死”了这个少年 / 168
其实是教育的悲剧 / 170
从大到小看读书问题 / 171
教育是有用的 / 171
教育还没开始，就已经结束了 / 173
教育是玩出来的 / 174

VIII / 177
在世界乱哄哄的地方

在世界乱哄哄的地方 / 179
有一所学校就足够了 / 180
我们还有多远的路程 / 181
从“痴迷”到“迷痴”的行走 / 182
四海为家 / 183
善良是流淌在人性中的血液 / 184
封杀农村孩子？ / 186
尊老即是尊己 / 187
一位没有孩子的好爸爸 / 188
那些美好的情愫 / 189
女性，一所永远的学校 / 190

校园的感觉 / 191
100 天能做什么 / 192
9 月 20 日花絮 / 194
又见骑楼 / 196
学术与优雅 / 197
年岁不饶人 / 198
研究是幸福的因子 / 199
感谢生活 / 200
静悄悄的变化 / 202
今天“遭袭” / 203
心好月圆 / 205
“幸福教育”花落谁家 / 206

后记　幸福教育之路很漫长 /209

自序

重新发现了什么

在到北京做校长之前，我在山东同时兼做 15 所学校（其中 12 所农村小学组建了幸福教育联盟学校）的校长。这些学校散落在东营和潍坊两座城市，有公办学校，也有民办学校；有城区学校，也有农村学校；有老学校，也有刚创办的新学校；有小学，也有初中，还有幼儿园和培训机构。我的校长经历可谓丰富多彩，什么样的滋味我都品尝过。

2011 年，我调入北京市海淀区担任一所普通公办学校——玉泉小学的校长。

首都新的环境、新的境遇、新的文化、新的模式、新的社会关系，每天都在激荡我的生活，挑战我的经验，磨砺我的人生，使我对学校有了一些新思考。

学校是一个组织，并且是一个自动化运行程度很高的“自组织”：只要学校教务部门暑假里安排好课程表和教师作息时间表，设好铃声，9 月 1 日开学，校园就开始运转起来。

学校所所相似，但又所所不同。相似的是都有校舍、环境、教室、课桌椅、课本……不同的是校园文化、学习风气、老师、学生、家长……

我们玉泉小学，是由罗荣桓元帅在 1960 年创办的，前身是中国人民解放军政治学院子弟小学，曾合并过 3 所学校，走过了 60 年的办学历程，培养了大批人才。我第一天上任时就遇到了一些意想不到的事，它们很复杂、很有挑战性，有些情况完全超出了我的办学经验，甚至颠覆了我的观念。这促使我不得不重新“发现”这所学校——对别人来说是一所老学校，而对我来说是全新的学校——各种行为、众多细节以及这些现象背后的文化。

优质学校和一般学校的差异在于学校的品质不同。一所学校品质提高的关键在于学校能不断变化。而学校如何变化，则来自“发现”。“发现”是一种新实践、新认识和新创造，通过“发现”我们可以看到或找到前人没有看到或找到的事物或规律。

现在，我们原以为“就应该那样”的学校，到了需要“重新发现”的时候了。

Ⅰ

还有些教育在蚂蚁那儿

三

还有些教育在蚂蚁那儿

一天早上到学校时，我看到刘师傅在大树底下扫树叶，便走过去跟他聊天。

我问刘师傅："为什么这些树底下乱七八糟地堆了一些砖头？"刘师傅直起腰说："原来铺得整整齐齐的，可是孩子们老跑过来翻开砖头，这里就乱七八糟了。"我说："赶明儿叫管后勤的同志来把它们铺整齐。"

我转而又想："孩子们翻开砖头做什么？"然后随口问了一句，刘师傅笑了："翻开砖头找蚂蚁呗！"

我一听就乐了："嘿！这些乱七八糟的砖头不要动了，就放在这儿，让孩子们来翻开找蚂蚁吧。"

什么是教育的真谛？什么是教育的过程？它们不只是在课堂上，也不只是在书本里，可能更在这些乱七八糟的砖头里！

一个孩子将来是怎样成为生物学家的？不是在课本里，不是在考卷上，也不是在实验课上，而可能是从观察蚂蚁开始的。

蒙台梭利曾说过，孩子的爱表现在对周围环境的探索上。兴趣，是学习的前提。

今年春天，我们学校的文化研究院向全校师生征集吉祥物。通过投票，我们在三百多件参选作品中选择了蚂蚁作为学校的吉祥物。

蚂蚁是世界上分布最广、数量最多的生物之一，它们的足迹几乎遍布世界上任何一个角落。我们把蚂蚁的"生存哲学"奉为我们的哲学。

第一，团队合作。团结就是力量。十多只团结一致的蚂蚁，能够搬走超过它们自身体重很多倍的东西。

第二，永不放弃。如果你试图挡住一只蚂蚁的去路，它就会立刻寻找另一条路：要么翻过或钻过障碍物，要么绕道而行，不达目的决不罢休。

第三，未雨绸缪。刚一入夏，蚂蚁就开始储备过冬的食物。这样，在万物凋零的冬天，蚂蚁同样可以丰衣足食。

第四，全力以赴。蚂蚁在夏天会竭尽全力地为冬天储备尽可能多的食物。

其实，教育并不轰轰烈烈，也不惊天动地，只是一件件小事的积累。让小事融汇到孩子的人生里，让他终生难忘，于是小事就变成了大事，变成了改变命运的因子。

这就是教育。

观照学校的历史

即使学校只开办了一年，也有一年的历史。这些历史也是学校文化的一部分。

来到玉泉小学后，我先到档案室了解学校的情况，结果发现，经过“文革”，经过多次学校合并，经过校舍安全加固改造，学校的历史资料几乎荡然无存。

不久，我们已退休多年的老校长回到学校，坐在办公室里，我们聊起了学校的历史。

老校长深情地回忆起改革开放初期建设学校的艰难与困苦：星期天、节假日，男教师蹬着三轮车到玉泉路地铁口“接客”，女教师在学校里当服务员。通过腾出教室创办“假日酒店”的方式，学校挣些钱补充教育经费。当时政府缺钱，就得靠全体教师辛苦挣钱来维持办学。那些流传下来的老一辈教师们不怕困难、艰苦创业、勇往直前的故事，以及故事体现的精神，将会激励和影响一批又一批的教师。我请老校长出面，发动退休在家的老教师收集资料，建设我们的校史馆。

春节前，我到老校长家里探访。他拿出玉泉小学第一届毕业生的合影，指着其中一个孩子，又讲起了一个故事：“你看这个男孩，现在是上将、解放军副总参谋长了。他当年很顽皮，闯祸的事都有他的份儿……这些当年在学校顽皮的孩子，后来也能有出息！”

是啊，教育实践一再告诫我们：孩子不论是顽皮、笨拙还是听话、聪明，我们都无法完全预知他们的发展前途。所以，充分尊重每一个孩子，让每一个孩子得到充分发展，成为玉泉小学的教育信条。

学校的历史，就是老师们和孩子们最好的教科书。

我们把当年创办玉泉小学的罗荣桓元帅的相片挂到了孩子们天天经过的门厅里，相片旁边有这样两段话。

> 罗荣桓元帅是新中国十大元帅之一，受命组建了中国人民解放军政治学院（今国防大学）。我们北京玉泉小学是1960年建校的，当时是解放军政治学院的子弟小学。让我们感到非常自豪的是：罗荣桓元帅既担任了中国人民解放军政治学院的院长，同时还担任了我们学校的名誉校长。
>
> 我们要像罗荣桓元帅一样，德如玉，智如泉，为中华民族的伟大复兴而努力学习、幸福成长！

我上任后，首要的任务是叙写学校的历史，观照学校的历史，让学校的红色基因传承下去。

三

校园文化建设不能一蹴而就

有一位青年校长到一所学校就任后，便开始大刀阔斧地改造校园文化，但他没有动员全体师生参与，也没有构建起完整的校园文化体系，改造后的校园文化不能转化为师生的自觉行动，由此引发了一系列问题。一年后，该校长被调离。

校园文化建设具有复杂性和长期性的特点，校园文化绝不是挂在墙上的那些显性的条幅和镜框，而必须内化到师生和家长的血液中。

我刚来玉泉小学时，两个校区校舍加固工程刚刚完成，校园文化亟待重建。那么，如何重建玉泉小学的校园文化呢？

玉泉小学是1960年建校的，作为中国人民解放军政治学院子弟小学，她带有军旅基因。1967年，中国科技大学附属小学并入玉泉小学，从此，玉泉小学又流淌着科技的血脉。2006年，金沟河小学、采石路小学先后并入，为玉泉小学注入新的文化清流。金沟河小学原名铁家坟小学，始建于1949年，校舍由一所破庙改建而成，可谓历史久远。采石路小学是育英学校的分校，而育英学校创办于1948年，当年是中共中央直属子弟小学。

玉泉小学凝结了多所学校的历史，因此，学校校园文化体系的建设，既要观照历史，又要面向未来。

我是2011年3月到任的，4月我们就成立了学校文化研究院。研究院由退休的校长、主任担任顾问，邀请部分管理干部和教师担任研究员，全体教师、学生和家长参与，历经一百多天的征集、筛选、研究，最终达成共识，形成了以幸福教育为核心的玉泉校园文化体系。到了暑假，我们的部分校园文化开始上墙显性化。再经过一个暑假，我们的校园文化建设才基本完成。

校园文化必须是全体教师达成的共识，必须成为学校愿景的一部分，必须转化为师生的自觉行动。不同的学校要采取不同的校园文化建设路径，但有一点是共通的——校园文化建设非一日之功，要整体设计，分步实施，不能一蹴而就。

三

德如玉，智如泉

有一位老教师曾对我说：“海淀区名校、强校林立，咱们玉泉太普通了，以前我没有感觉出‘玉泉’两个字有什么特别之处。我们提炼出了‘德如玉，智如泉’的教育目标，现在，我觉得我们的校名真是太美、太好了，多一个字、少一个字都不行！”

现在，绿色的“德如玉”和蓝色的“智如泉”六个大字，就醒目地挂在每个校区的校门口。我多次见到周边居民走过校门口时小声地念这六个字，然后说：“嘿，新来的这个校长，提的这个口号真不错！”

“德如玉，智如泉”是我们的教育目标。玉的坚韧、温润、细腻和君子的品性高度一致，因此孔子说“君子比德于玉”，玉成了美德的代名词。玉泉学子，应该美德如玉：纯洁、光明、无瑕、晶莹、温润。泉是从地下流出来的，清澈而不竭，常用来形容力量、知识的来源。玉泉学子，应该智慧如泉：清澈、不竭、涌动、活泼、自然。

这里的“德”“智”有特定的内涵和意义，是指“德性”和“智慧”，德性自然包含身心健康。

《礼记》中说：“玉不琢，不成器。”谓玉石不经雕琢，不成器皿。今喻人不经锻炼，难以成才。由此生发出我们的校训：“玉不琢，不成器。”

有了这样的校训，就要形成与之相匹配的校风：“如切如磋，如琢如磨。”它出自《诗经》，意指君子提升自我修养，就像加工玉器，切了还要磋，琢了还得磨。

我校由“玉”和“泉”发端，开发出了《玉泉颂》《玉泉吟》《月上玉泉》《玉泉学子之歌》等校本歌曲和玉泉学子形象大使——“玉玉”“泉泉”的雕塑、布偶、图画等，以及玉泉石等一系列校园文化载体。

一所学校的校园文化建设，不能好高骛远，我们不能动辄把“教育面向……”抄袭过来，而应该从自己学校的实际，如学校的历史、校名、发展过程中的关键事件，学校所处的地域、特色等开始，即从自己的校园开始，从自己的点滴开始，开发出自己的校园文化。这样才能让老师和学生感受到校园文化就在自己身边，校园文化建设就是自己的事情。

三 学校是教育的栖居地

某校一名临时聘请的老师，教学水平很高，深受孩子喜欢，家长对他也很信服和敬重。在任职期间，这位老师以各种理由向家长借了几万元钱，有一天，他突然从校园里蒸发，不见了踪影。

老师拥有一定的权力，包括教学权、奖惩权、选小干部权、辅导权、批改作业权、考试权等。因此，家长就有求于老师——希望自己的孩子能够获取更多利益。于是，就出现了家长向老师行贿，而老师利用权力向家长索贿等现象。

中秋节、教师节、春节等，都是家长和老师“礼尚往来”的重要日子。原来在山东当校长时，有一位教育主管部门的领导干部对我说：“我的孩子上了六年小学，我给他的班主任送了六年的礼。没有办法，人家送，我不送，能行吗？怕孩子吃亏呀！”我知道，这是一件非常糟糕的事情。

本来，人情交往在中国是天经地义的事。然而，学校是教育的圣地，是孩子成长的沃土，学校应该像甘泉一样纯净，应该似美玉一般无瑕。学校如果被污染了，教育的意义就会大打折扣。

因为拿人家的手短，吃人家的嘴软，老师往往会自觉不自觉地去“关照”那些家长给自己送过礼的孩子。这样，教室里就不再有公平，不再有公正，不再有民主……于是，也就不再有教育。当班上的孩子们知道了某个孩子因为家长给老师送了礼，而当上小干部或得了什么好处时，孩子们还会相信讲台上这个人所说的话吗？

某地有个做生意的家长，因为照顾不上孩子，就委托班主任老师多加关照。班主任老师也很照顾孩子，有时这个家长来不及接孩子，班主任老师就带孩子回家吃饭。为了表达谢意，逢年过节，这个家长都会给班主任老师送礼物、送购物卡，还送现金。后来，班主任老师因为一件事得罪了这个家长，在孩子毕业之后，这个家长将六年来送给班主任老师的六万多元财物的相关证据送到了检察部门。

学校，一定要是教育的栖居地，否则毁掉的不仅是老师的前程和家长的灵魂，还有众多孩子！

三

在两难中进行选择

最近，我在上课、听课之余，接访了三批教育同仁，与他们进行了不同主题的交流。

一批是一所兄弟学校的校长和管理干部。这位校长来我校参加中美校长课堂教学对话会，看到了我校干部、老师和孩子的风采，随后就带着管理团队来访问和研究：你们学校是怎样激发干部和老师激情的？

一批是某科研单位的领导和科室人员。他们前来商讨如何做好共建工作，因为他们的热点问题是：我们的孩子能不能到玉泉小学上学？

最后是一位新上任的校长，他在办学过程中遇到了许多难题，来与我研讨如何解决这些难题。

这些教育同仁都是慕玉泉之名而来的。而玉泉之名都是老师们一点一滴干出来的。一方面，学校确实很风光；另一方面，老师们实在很辛苦。

这是任何学校在改革与发展过程中都必然会遇到的两难境地：学校不发展，就没有教育质量、品质和成就，就不会受到尊重，甚至还会被解散，教职工就没有奔头，甚至人人自危；学校要发展，教职工就要加倍付出，积极前行，不断努力。我还没有发现任何一个组织，在没有愿景、没有管理、没有评价，在其员工懒懒散散、爱干不干的情形下，还有高品质和高质量的！

2011 年 7 月 11 日，我们学校教师代表大会通过了学校发展愿景，那就是建设一所“学生向往、教师幸福、社会满意”的伟大学校。我不止一次在全体教师大会上说：“是我们大家自己选择了一条遥远而坎坷的路。”我想，既然我们选择了，就没有退路，就要勇往直前地走下去。

要发展，要提高，要有品质，要尝试一种新生活，就只有奋然前行，只有付出比别人更多的努力。这是我们的选择。生活告诉我们这一真理：“天上不会掉馅饼。”

我期盼着我和老师们共同走好这条路。

三

孩子需要富养

有人说，男孩要穷养，女孩要富养。意思是说，男孩富养，会让他懈怠、懒惰，失去进取的品质，所以要穷养；而女孩穷养，则会让她吝啬、小气、苛刻，甚至轻易以身相许、失去贞操，所以要富养。而我则认为，男孩、女孩都要富养。

我考察过台湾不少所中小学，发现它们都拥有丰富的教育资源，教室里教学和生活材料琳琅满目、丰富多彩，师生能够按需取用。南海实验幼稚园三楼的走廊上摆了一个大货架，上面放了几十个装满各种材料的箱子，教师可根据教学需要自行选择。东园小学是一所普通的公办学校，在普通教室和专用教室里，家具、展示板、资料橱、互动白板、生活用品、办公用品等一应俱全。教室里还放了一排衣架，孩子们的外套整齐地挂在上面。

而大陆的学校基本是靠教师的嘴巴完成教学的。除了政府重点投入的个别学校，绝大部分学校缺乏学习和生活资源。我们的教室里让孩子动手实践的材料很少。像衣架之类的，在大陆的学校里更是很少见到。

我到玉泉小学后，不断地增加课程和生活资源，但时常遭到同事的“反对”，理由是孩子们不仅会破坏，还要拿走。比如，我们在鱼缸里放上小莲花，放学后小莲花就少了几朵；比如，我们把走廊变成书廊，放上的书常常减少；比如，我们上午在门厅里摆上校旗，下午校旗就被孩子们弄坏了，等等。

孩子们正处于学习愿望十分强烈的时期，对一切都充满好奇。由于资源匮乏，有些东西孩子们没有见过，所以一有新材料、新玩意儿摆出来，他们就喜欢探究一番，怕老师看见挨批评，就只有偷偷拿回去。我相信，孩子们把学校的书拿回家读完了，一定会送回来。不能因此而减少或停止投入资源。

其实，所谓孩子要富养，就是给他们提供探究的机会和条件。只有让孩子多见识，才能真正满足他们学习的需要。不要小看这一点，丰富的资源对改善教学和培养孩子的人格、素质具有十分重要的意义。

随着我们国家变得越来越富裕，不论学校还是家庭，抑或是整个社会，都应该树立这样的理念：富养孩子，就是在涵养中华民族强大的未来。

爱秀带来的启示

一个周六的早上，我路过鲁谷路一家爱秀理发店，摸摸自己长长的头发，就走了进去。

在山东工作的时候，我总是舍不得抽出时间去理发店。每次都是请一位会理发的朋友到我的办公室，利用晚上的空暇解决“顶上”问题。这次还是做校长以来第一次在大白天理发。

爱秀据说是一家知名品牌，在全国许多大中城市都有连锁店。既然是品牌，就一定有成为品牌的道理。我一边理发，一边见识了这家理发店的班前培训。

爱秀的班前培训每天早上进行。十几个员工站成两排，面向店长。时长为一刻钟的班前培训大约分成四个板块。先是呼号整队，让所有人进入状态。然后是自信心的建设与强化，店长说：“今天心情好不好？”大家齐声喊：“今天很好，明天会更好！”接着是礼仪培训，要求员工鞠躬迎接客人，并保持微笑：“欢迎来到爱秀！”“谢谢光临，再见！”员工在给客人洗头、理发、美容的过程中要与客人不断交流。最后是业绩汇报，店长说："昨天我出去了两个小时，但大家很努力，业绩不错，理发毛收入是 9300 元，美容毛收入是 3600 元。大家说是多还是少？"大家齐声说："不多也不少，正好！"

随着班前培训的深化，连我也感受到了员工精气神的不断提升。我想，这家店里的员工一定能幸福地工作，并把这种幸福感传递给消费者，同时创造不凡的业绩：若按照店长说的昨天的业绩计算，这家店一年就有 470 万元的毛收入！

虽然爱秀的店长不一定是学心理学出身的，但他将心理学的知识应用到了工作中，由此我想到了学校。学校是一个需要不断处理人际关系的地方，老师通过课程与学生建立联系，学校通过学生与家长建立联系。学校工作的本质，就是在同事关系、师生关系、亲子关系和同伴关系中，不断寻找更好的成长之路，让老师和学生都幸福地生活与成长。因此，学校更需要广泛运用心理学的知识来激发老师和学生的热情。

我们更需要这样的班前培训。

升旗的高度

按照国家相关法律规定，每所中小学周一都要升国旗，由此产生了升旗仪式。升国旗其实是把"祖国"这样一个孩子难以理解的概念通过仪式具体化，以此培养孩子对祖国的爱。我参观过各类学校，见识过不下百种升旗仪式，它们虽各有特色，但形式大致差不多。

校园里的所有活动都应含有教育目的。不要以为升旗是一件简单的事。若升旗仅仅是一种仪式，那就是孩子生命成长过程中的一种浪费。

我觉得，升旗不仅仅是一种仪式，更多的是一个教育过程。

山西省通宝育杰学校的詹文龄校长在广州郊区创办了一所小学。那年我去访问时观摩了一次升旗仪式。升旗手是一年级的小朋友，国歌都演奏完了，可是由于雨天绳子涩，他们升的国旗还悬挂在半空中。我看到大队辅导员、班主任老师都很着急，恨不得跑过去帮助那些孩子。你想，从全国各地来了这么多人观摩升旗仪式，这不是给学校丢脸吗？这时，站在前排的詹文龄校长朝老师们摆摆手，坚决制止了他们。全校师生都等待着那两个孩子，他们费了半天的劲，终于把国旗升起来了。

其实，升旗更重要的是升起孩子心中的那面旗——把升旗的过程完全交给孩子，更有利于培育孩子的品质。

很多学校总是每周选拔几个成绩优秀的孩子做升旗手，借此鼓励和褒扬孩子。然而，教育实际告诉我们，校园里不只有学习成绩好的孩子，还有学习成绩不那么好的孩子。如果我们的升旗仪式上只有班长、大队委、学习委员等做升旗手，那么即使升起了国旗，国旗也没有达到它应有的高度。

曾经在一个冬季的早上，我抱着一个残疾的孩子升起了一面国旗。她每天早上 5 点起床，在跑步机上锻炼两个小时，虽然她学习成绩一般，也不是班长、大队委、学习委员等，但这并不影响她成为升旗手——一个四年级的孩子，能够有这样坚强的毅力，就足以让全校师生仰视！

三 礼仪问题

中国是礼仪之邦，自古以来特别讲究礼仪，但祖宗留下的礼仪正在逐渐消亡，新时代的礼仪尚未完全建立起来，而西方的又不愿学，怕有媚外之嫌。其实，目前中国的礼仪是不完备的。

我们经常见到许多美丽的女性在大街上大吵大叫，在各种会议上接打手机者比比皆是（中国人好像天天有大事需要处理），装修得再豪华、雅致的餐厅大堂内也是人声鼎沸……

我曾经去多所中学访问过，看到学生在校园里遇见他们的校长时爱答不理，这让我替这些校长感到尴尬和难过。而在我们学校，孩子们碰到我时总是行礼并热情问候："高峰校长好！"

到玉泉小学上班的第一天，我在学校门口迎接孩子。虽然彼此都不认识，但仍有许多孩子向我鞠躬问候，这让我很感动。玉泉小学有一个很好的礼仪文化传统——孩子们见到老师、客人时能够行鞠躬礼。

一天早上在学校门口，有一位送孩子的老人向我提意见："您的学生应该行少先队礼！"

我笑了笑，没有采纳。

其实，我想到了礼仪教育的深层次问题。在小学阶段，让孩子行少先队礼，当然是应该的，也是没错的。然而，一旦孩子升入中学，行了六年的少先队礼，就会被全部"删除"。孩子已经不是少先队员了，怎么能够还行少先队礼？

少先队礼，可以在开展少先队活动时、在举行升旗仪式时、在重大活动中使用，而平常孩子们应该养成向长辈行鞠躬礼的习惯。我们必须培养孩子能终生受用的素养。我们在公共选修课时间，让全校孩子选修礼仪课程，教会孩子最基本的中西礼仪；主题课程部的老师们还专门在校会上让孩子们练习鞠躬礼……我们希望孩子们行礼的习惯能够保持一生。

我相信，一个优雅的人是从接受礼仪教育开始的。

细节在你眼中

一所学校，是否拥有较高的教育品质，与办公楼漂亮不漂亮或校园简陋不简陋没有直接关系；是校园里的细节决定了学校的品质。

我参观过很多中小学。可以说，除了当地政府斥重资打造的几所名校、强校外，一般学校的办学条件还比较简陋。考察了台湾的几所学校后，我感受到，不论办学条件简陋与否，他们校园里的细节设计都尽量为教师和孩子着想，到处充满人文关怀，空气中弥漫着教育的味道。

以下是台湾和大陆学校的细节对比。

细节一：在台湾好几所学校里，我们都看到校园里设有专门的哺乳室，为哺乳期的女教师提供方便。在大陆的学校里，很少见到。

细节二：台湾的中学校园里均设有性骚扰和霸凌行为的投诉信箱和电话，他们充分关注弱势群体的生活状态和质量。在大陆的学校里，很少见到。

细节三：在台湾学校教室门口张贴的课程表上，我看到每门课程下面都写着任课教师的名字，表达了对教师的尊重。在大陆的学校里，课程表上只有课程名称，没有任课教师的姓名。

细节四：台湾学校的教室里有专门供孩子挂衣服的衣架，孩子的棉衣等厚重衣物可以挂在上面。在大陆的学校里，教室里不能说没有衣架，但很少见到。

细节五：台湾的校园里实行一般垃圾和特殊垃圾分类处理。大陆很少有学校能做到这一点。

细节六：台湾学校的卫生间里设有专门悬挂拖把的夹子和池子，以保持卫生间的整洁。大陆的学校一般是将拖把堆放到教室的一角，它们脏兮兮、臭烘烘的。

诸如此类的细节不同之处比比皆是。

我始终认为，看一所学校的办学情况，到它的卫生间里看一看就可以了。我们考察了很多所台湾的大学、中学、小学和幼儿园，它们的厕所都可以与五星级宾馆的厕所相媲美：干净、整洁，没有异味。南海实验幼稚园的卫生间里还专门装有热水器喷头，专为女员工提供特殊服务。

什么是教育？教育不仅仅体现在课堂上，不仅仅体现在作业本里，不仅仅体现在考试中，校园里的一切细节、一切声音、一切气味、一切表现，甚至连流动的空气，都将成为孩子成长为“人”所需的阳光和雨露。

一所学校即使有漂亮的大楼，有用上千万元建造的校门，有用进口高级塑胶铺设的场地，有装修豪华的教室和办公室，有漂亮的会议中心，即使为每位教师配备了电脑，甚至为每个孩子配备了 iPad，然而，如果不注意细节，没有尊重教师和关注孩子成长的人文细节，这所学校也依然没有品质。

三

为什么校长吃双份

一天中午，我到交际中心用餐，有老师见我端着两份饭菜，笑着问：“校长，你怎么吃双份？”

我说：“这一份是学生餐。我要求送餐公司每天中午随机抽出一份学生餐送到我的办公室。我要每天尝尝孩子们的饭。前天我给了送餐公司一个警告，有一个菜太咸。今天我还要给他们一个警告，有一个菜显然没有放盐。我要约谈送餐公司负责人，要罚他们的款。”

来玉泉小学工作后，家长反映最多的就是孩子的午餐问题。许多家长给我写信、发邮件，心急火燎地提意见，但是我无法一一回复。

孩子是祖国的未来。一个人小时候吃不好饭，身体不强壮，即使学习成绩好，将来也会受很大影响。从某种意义上说，如果我们的孩子吃不好饭，长不好身体，我们就是在自毁长城！

我到韩国的学校访问时，看到他们有洁净的厨房，做好的饭菜都是通过一个封闭的管道传送到教室去的；到日本的学校参观时，发现他们是根据家长的经济状况，实行餐费全免或半免，国家、社会团体和企业对孩子的午餐进行大量补贴。

据《京华时报》报道，北京市学生营养餐管理办公室有关负责人接受记者采访时说，本市中小学生午餐补助没有获批，具体原因不明。同时该报还报道了国家和北京市这几年对大学生给予了大量伙食补助。

当然，给大学生伙食补助很好，但我想：为什么不能给中小学生进行午餐补助呢？

大家试想一下：每顿饭家长只要缴纳十元、八元钱，而在物价上涨、燃油费上涨、人工费上涨、管理成本上涨的时代，送餐公司在郊外制作的大锅饭，经过长时间的颠簸送到市内，质量会怎么样？不可能像我们家里的饭那么可口。有些孩子不愿意吃，是很正常的！

有人建议说："不行就另换一家送餐公司。"学校负责这项工作的同志说："已经换过多家了，现在看来，就这一家还凑合。"

我很着急，但解决午餐问题不是一日之功，不能一蹴而就。

我想，当前校长能够做到的，就是每天与孩子们吃同样的饭，及时向送餐公司提出意见，促使他们不断改进工作，以确保午餐的安全和营养。

我们期望政府、社会团体和企业关注中小学生的午餐质量问题。

三

适性的教育

我在许多学校工作过，大部分学校在当地都有些名气，因此求学者也多。总有人问我：“这所学校好在哪里？”我的答复是学校不能用“好”或“不好”来界定。适应孩子发展的学校，就是好学校；即使我们认为是好学校，如果不适应孩子的发展，就是不好的学校。

一家电视台策划了一个栏目，邀请我做嘉宾，主持人问我对一家国学馆的看法：“您对孩子离开公办学校就读国学馆，是赞同还是反对？”我说：“没有一种教育方式是适合所有孩子的。只要是适性的教育，就是好教育。只要孩子愿意待在国学馆里，并在那里得到更好的成长，他就可以待在那里；否则就必须离开。”

今天，我们的孩子并不喜欢学校，就是因为他们在学校里找不到兴奋点，找不到自己喜欢的事情做。按照马斯洛的需求层次理论，他们在学校里实现不了自己的人生价值，所以他们对学校感到厌倦。语文、数学、英语、道德与法治等课程，学校要求孩子们必须学好，但这些课程只能满足部分孩子的部分需求。孩子们的需求是各种各样的，不可能提供几门课程便可以满足所有孩子的所有需求。

一个孩子趴在地上找虫子，弄了一身泥巴，另一个孩子则可能认为趴在地上很脏。个头矮小的孩子也可能痴迷于打篮球，在球场上常常被撞得鼻青脸肿，但他愿意。如果剥夺他这个权利，他就会很不乐意，甚至情绪低迷、消沉。如果孩子们不喜欢校园，我们还有继续办学的必要吗？所以，构建适性课程，就显得非常紧迫和必要。

但这难度不小。每学期 20 个星期，每星期 5 天，每天 6 节课，已经全部被国家课程占满，必须完成教学任务，还必须参加考试和接受上级检测。可以说目前学校是没有时间、空间和资源去开设适性课程的。即使我们在课后开设一点儿适性课程，也只能是蜻蜓点水。

于是，我想，可以对国家课程进行整合，提高课堂效率，从而腾出时间、空间和资源为开设适性课程创造条件。能否通过每天上午 4 节课、每周 20 节课来完成国家课程的教学任务，把整个下午的时间全部拿出来做适性课程呢？这是值得实验和探索的。当然，这必须得到国家课程政策、师资等的支撑，以及社会和家长的支持。

我们都知道中国教育的弊端在哪儿，却缺乏改变的行动，仍在坚持做让孩子不喜欢学校的事！

三

办出学校特色

经过多次课改，台湾地区的中小学教育应该说已经基本回归理性，不再浮躁，不再折腾。他们都在践行“一校一特色，一生一专长，一个都不少”的教育理念。

学校要办出特色，就必须有特色课程做保证；要让每个孩子拥有一项专长，就需要有校本课程做保证；要让孩子一个不落地接受优质教育，就需要设计生本课程做保证。

我们到台北市兴雅小学参观时，校长告诉我们，他们学校电子屏幕和电视的用电来自太阳能，电子屏幕上不断地播放太阳能的运行动态和全校节能信息，“太阳能”是一门公共选修课程。我在大陆的某些名校里也见过有关风能、太阳能的课程，但没有见过风能、太阳能的具体运行情况——对孩子而言，这是一种直观的教学过程。兴雅小学还举办了众多社团，如游泳、桌球、足球、丝竹团等，供孩子们选择学习。我们还参观了美术陶艺制作室。按照主题教学设计的陶艺课程，能让每一个孩子都拥有自己的作品。他们的作品还被挂到了走廊、门厅等处。学校还针对单亲家庭、移民家庭的孩子，开设了“照顾班”“励志班”。这些班不收取任何费用，都是本校老师在做，老师经常工作到很晚才能回家。下午放学后，学校还举办“安亲班”“补习班”等，主要解决家长的后顾之忧。这些班要收取一些费用，但费用比社会班要低得多。五彩缤纷的课程设计，能够保证“一校一特色，一生一专长，一个都不少”的教育理念得到落实。

在新北市三峡中学，我们看到了适性课程、生涯课程、职业教育课程以及礼、义、廉、耻教育课程。在学校的博物馆里，我们还看到了该校老师收藏的体现老街历史文化的各类展品。在台北市信义中学，我们看到了多元化的课程，如弹性课程、游学课程等。在台北市南山中学，我们看到了环保课程——教室里都装配了空气质量检测仪器，一旦二氧化碳超标，立即启动空气交换系统。这所学校还有以林书豪为主题的篮球课程，也颇具特色。

在南海实验幼稚园，一位老师向我们介绍了主题课程——“阿公、阿嬷下午茶”。小朋友根据自己的生活经验设计主题活动，然后向阿公、阿嬷发出邀请。小朋友要思考：如何保证阿公、阿嬷一定会来？如何准备适合老人的茶点？为阿公、阿嬷表演什么节目？……在这些活动中，小朋友会碰到一系列难题，如阿公、阿嬷生病了怎么办。一门主题课程往往要做几个月，但围绕这样一个主题，小朋友们会学习涉及伦理学、营养学、地理学、交际学、语言学、戏剧学、族群学、艺术学、人类学等诸多学科的知识，并掌握运用这些知识的能力。小朋友正是在这样的课程中学会富有爱心、学会领导和组织的。

在和这所幼稚园老师的互动过程中，我对这一课程的设计与运行给予了很高评价。我曾经办过两所幼儿园，深知大陆的幼儿园都在教孩子们干什么：珠心算、写字、背书……

每参观一所学校，我都能感受到那所学校的特色。学校之所以有特色，是因为学校的领导层和老师有正确的课程观。

学校办学最轻松、最简单的方法，就是把国家规定的课程教得很扎实，以求得优秀的教学成绩；但这样做带来的最大的问题是，我们的学校将千篇一律，我们的孩子将千人一面，高度同质化，成为一个个乒乓球，再也没有篮球、足球、排球、橄榄球……

三

谈谈开学这件事

新的学年、新的学期开始，照例是举行开学典礼，学生、教师代表讲话，校长致辞。

开学这一天，对孩子意味着什么？

组织好开学典礼

校长致辞往往是长篇大论，其实小学生能够听懂和记住的不过两三句话。所以，无论校长做冗长的发言还是简单讲几句话，对小学生而言，效果都差不多。

开学典礼那天我就跟孩子们说了两句话：一是"要恢复和强化以往良好的生活和学习习惯"，二是"高年级的同学要为低年级的同学做出榜样，并能主动关心低年级的同学"。一个暑假，孩子们懒懒散散，良好的校园生活习惯基本丢弃，开学后迫切需要恢复和强化，这是新学期伊始最重要的事。开学之后，孩子们需要静下心来，安心回到校园，回归课堂。

让大孩子为小孩子做出榜样，有两个意义。其一，要求高年级的孩子做得更好，让其感觉时刻都有小孩子看着自己、学习自己，这本身就是一种教育。其二，有利于减少大孩子欺负小孩子的现象，因为有了这种认识，大孩子欺负小孩子，就会感觉丢人现眼。这种现象虽然无法根除，但不可忽视，否则一旦发生，就会影响孩子成长。

上好第一课

第一课该怎么上？我们最起码要知道，如果第一节课孩子就不喜欢老师，也不喜欢这门学科，我们这一学期的教育教学工作就可能要白做。很简单，孩子不喜欢老师，连带着就不喜欢这个老师教授的这门学科，也就不会认真听课，更不愿意写作业，到考试时若逼急了，可能还会出点儿问题。我们对老师"上好第一课"给予了指导，建议他们"改变传统的上课方式，采取孩子们喜欢的方式上好第一课"。

1. 可以上成讨论课：就这门学科讲一些故事，让孩子们谈谈体会、介绍学习经验等。

2. 可以上成活动课：到实验室、操场、校园、走廊、校长办公室等处上课，让孩子们感受到这门课的趣味性和价值。

3. 可以上成讲解课：由老师主讲，介绍与本学科有关的名人逸事、关键事件等。

4. 可以上成复习课：回顾上学期本学科的开设情况，复习学过了哪些知识，让孩子们回忆和画出知识体系树等。

5. 可以上成辩论课：让孩子们就某个感兴趣的话题进行辩论，阐述自己的观点。

6. 可以采用其他足以引发孩子们兴趣的上课方式。

老师可以充分发挥自己的创造性，采用丰富多彩的方式上课。

开好第一个班会

暑假结束后孩子们回到自己的班级，有很多新闻要交流，有许多想法要说给别人听。第一个班会，要让孩子们讨论在新的学期，班级生活应怎样设计、如何不断提高班级生活质量、如何建设班级组织，以发挥每个孩子的积极性和主动性。有的班级通过竞聘方式，建立了两套班委，一套“执政”，一套“在野”，“在野”的监督“执政”的。如果班级生活质量没有提高，或没有达到目标，“执政”的就要下台，“在野”的就变成“执政”的。这么做能让孩子们在班级这个小社会里健康成长。

新的学年、新的学期开学第一天上的第一课，是起点，对孩子来说很重要。

建设高品质的校园

一天上午，我与主题课程部的老师们商量工作。我说：“升旗时，全校师生都看见了升起的那面五星红旗脏兮兮、皱巴巴的。这面五星红旗从春天我来到玉泉小学时就已经在使用，虽然节俭很好，但请你们想一想，如果我们的老师和学生天天看到的、听到的、接触到的，都是一些低品质的教育资源，我们能够培养出优雅、风度翩翩的玉泉学子吗？我们能够培养出大气的孩子吗？”

是的，那面五星红旗已经皱巴巴、脏兮兮的，该更换了，但是，我们看不到！

学校教育要促进孩子全面发展，就不能仅仅局限在课堂上，局限在作业里，局限在考试中。孩子们看到的、听到的、接触到的一切皆是重要的教育资源。学校再穷，还能穷得买不起一面崭新的、鲜艳的五星红旗吗？我想，更多的时候，是因为我们忘记了学校教育的本质。所以，这不是节俭不节俭的问题，也不是财务问题，而是我们的教育理念的问题。

校园里，一切设计和配置必须是高品质的。高品质与豪华、奢侈没有关系，而与我们的理念、思想境界、追求和梦想有关系。还是那面皱巴巴、脏兮兮的国旗，如果我们将其洗得干干净净，熨得平平整整，像对待眼睛和金子一样对待它，这样的国旗依然是高品质的！

只有拥有高品质的校园，才会拥有高品质的老师；只有拥有高品质的老师，才会拥有高品质的学生；只有拥有高品质的学生，才会拥有高品质的社会和民族的未来。

教育就这么简单。

三

办优质学校需要付出辛劳和智慧

在新学期教师开工大会上，我开玩笑说：“要发家致富，最快的办法有两个：其一，大家合伙抢银行，但是要冒坐牢的风险；其二，坐在校园里等着天上掉下钱袋子，但这是不可能的。还有什么别的办法吗？有！但这需要你用双手和智慧去创造！”

同样，办好一所学校，办出自己的特色，办得让孩子们喜欢，也需要我们全体教师付出劳动和智慧，别无他途。

晚上和几个朋友聚在一起，他们都问我在忙什么。我说：“开学前这些日子我一天都没有休息。我在不停地思考：我们这所学校在新的学年里，在管理、课程、教学、教师、学生、家长、社会等诸方面需要怎样设计、怎样运作；怎样才能让每一个教师都感到自己很重要，能承担学校的重任，在劳动中感受到幸福；怎样才能让每一个孩子都拥有幸福的童年，为今后的幸福人生奠定基础。我将这些问题思考明白，然后变成文字，然后与同事们商量，达成共识后执行。”

学校需要螺旋式发展。如果假期里校长没有想明白，没有新的思路和办法，设计不出有效的发展路线图，那么我就敢说，新的学年学校工作又将是简单的重复。

以前在农村，面粉是用石磨磨出来的。天刚亮，毛驴便在磨坊中开始拉磨。小毛驴如果有思想，一定会想：“嘿，我走了很远了吧，有清澈的河水可以喝了吧，有碧绿的草地可以打滚了吧。”但可悲的是，小毛驴走了一整天，仍没有走出那个磨坊。

第二天，依然如此……

后来，有人把小毛驴放了出来，小毛驴来到草原上。但小毛驴望着一望无际的大草原很茫然，不知道何去何从，于是找到一棵树，继续绕着树转起来！

我想，我们办学也是这样：如果走不出那座磨坊，我们就永远不会看到清澈的小河和碧绿的草地。要改变工作模式，只有一个办法——不断地思考，不断地设计，不断地尝试。不要妄想着天上掉馅饼，那是不可能的。

种地的人都知道，有耕耘才能有收获，但我们常常忘记了这一常识。若想走捷径、图轻松、少干活、不做事，人就发展不了，事业就发展不了，学校也永远办不好。

等待下一个季节的到来

在北京飞往旧金山的班机上，有些中国人一登机就往前挤、往前冲。

更可笑的是，飞机降落后还没有停稳，他们不顾乘务员的劝说，站起身子，取下行李，准备往前挤、往前冲。其实，你再急，飞机的舱门不打开，你也下不去；而且过道狭窄，只有等前面的人出去了，才能轮到你。

明明知道这个道理，但有些人乘坐飞机或做其他事情时，仍旧如此，而且次次如此！

在外国人看来，中国人真是急，好像唯恐耽误了什么大事。我们中国人知道，哪能有什么急事？早早下了飞机，除了赶去酒店，还有什么大事？

深秋，凉风飕飕，落叶飘零。一个孩子站在学校操场上，捂紧了衣服，说："春天多好哇！"其他孩子叽叽喳喳："我们家的花儿败了。""妈妈说不能外出旅游了。"一个男孩大声说："混账的秋天！"我笑了，说："孩子们，不能着急，要过一个冬天，春天才来呢。"孩子们噘起了嘴巴。

由此，我想起了坐飞机时的感受：中国人哪，什么时候才能做到淡定、从容？我们恨不得一夜暴富；我们恨不得马上当上大官；我们恨不得马上改变一切；我们恨不得立即砸烂一个旧世界，马上重造一个新世界……

联想到教育，我们恨不得孩子一天长大。事实上，饭是一口一口吃下的，日子是一天一天度过的，孩子是一年一年长大的，我们是一岁一岁变老的……

一个下午，阳光明媚，我与朋友坐在英国一个城堡的一角，慢慢品着英式下午茶，看夕阳一点儿一点儿地从树林里落下，没有说话，四周一片静谧，日子仿佛像麻绳一样被拉得老长老长。那是一个深秋季节，我们相约春日再见。朋友说："我们要学会等待，等待下一个季节的到来！"

Ⅱ

校长办公室里的那个人

三

校长办公室里的那个人

一次，我到杭州参加校长培训时见到一位领导，他一见面就拉着我的手说："什么时候见到你，你都是西装革履的！"我们见面的次数不多，但我留给他的就是这样一个"西装革履"的印象。

来到北京参加了几次校长会后，有位朋友说："你可能是我们海淀区校长中唯一的在日常生活中穿西服的人。"其实，谁不愿意行头更轻便一些？谁不愿意更随意一些？然而，我的职业是校长，我必须尊重我的职业，为全校的老师和孩子做出榜样。

坐在校长办公室里的那个人，他的衣着打扮、举止言行、气质性格都将深深地影响老师和学生。如果这是一个高品位的人，整个校园文化就可能高雅起来；如果这个人俗不可耐，整个校园就可能会显得土里土气。

在山东工作的时候，我陪同一位老领导到一所名校检查工作。爬楼梯时，我们发现到处都是灰蒙蒙、脏兮兮的，他叹息了一声："虽然处在市中心，可惜是一所'庄户'学校！"老领导的意思是学校很土。

学校土，不是朴实；学校土，从里面走出来的人，也可能满身土气，不优雅。

我们天天与孩子打交道，我们需要充当他们心目中的英雄。我常常对老师们说，老师往那儿一站，就应该是一道美丽的育人风景线。当然，如我者流个子不高，相貌平平，但这并不会影响一个人的风度，并不会削弱一个人的涵养、气质。

学校需要一个"西装革履"的校长形象。老师和孩子们天天看着坐在校长办公室里的那个人，他的品位决定着校园的品位。

三

校长不应是麻烦制造者

我们需要认真研究一下校长应是一个什么样的角色。

通过研究很多校长一天、一个星期甚至一个月的工作情况，我发现他们做了好多不应该做的事情，给老师和学生带来很多麻烦，那么，一个校长到底应该如何避免带来麻烦呢?

第一，不要制造麻烦。不要以为这句话荒唐，事实上，从老师和学生的层面来看，好多麻烦是校长制造出来的。因为校长有权随意下一个通知，随意安排一次活动，随便开一个会。所以，是否制造麻烦是衡量校长是否称职的一个基本标准。

第二，避免带来麻烦。有时，上级教育行政部门下发一些通知，提出一些要求，这里面往往有一些要求是不符合学校实际办学情况的，是不适合老师和学生的，我们不能把这些通知和要求原封不动地传递给老师。校长要建立一道防火墙，要对各个方面的东西进行消化、转化或整合，把那些真正适合老师和学生的东西传递给老师和学生，这样才能够避免给老师和学生带来麻烦。

第三，排除麻烦。有些麻烦有可能是由校长和老师、中层干部之间的一些问题引起的，这需要校长深入教学一线解决问题，从而排除麻烦。有些麻烦是由学校组织结构不合理引起的。有数据显示，若学校的中层部门数量在合理的范围内，每增加一个，老师用在学生和教学上的时间就会减少大约百分之三；如果校级干部数量在合理的范围内，每增加一个，老师用在学生和教学上的时间就会减少超过百分之五。所以，要合理设计学校的组织结构，排除由组织结构不合理引起的麻烦。

三

带一个“长”字有什么了不得?

大凡学校，不论什么性质，不论大小，都有一个头儿，叫校长。

一个人一旦带了“长”字，就容易将自己与他人分隔开来，也就被别人归于“领导”一类。带了“长”就是“官儿”，做了官儿，慢慢摆出一点儿官架子，由此成为“僚”，由“僚”演化为“獠”。当官者如果一副青面獠牙的样子，就会让人敬而远之。

一个“长”字，有时候会把人变成冷血动物。一次，我参加一个重要会议，负责主持和总结的是一位女处长，看着挺漂亮、很有气质。但是她一到主席台上，一发声、一讲话、一挥手，便露出一副青面獠牙的样子。我边上一个人悄悄对我说：“看这个人，当官当得都不像女人了。”

我认识两个人，他们本来是无话不说的好朋友，后来其中一个升了官，自此俩人就不再像先前一样无话不说了，因为布衣朋友需要揣摩官员朋友的心理，需要尊重对方的官架子。慢慢地，两个好朋友就越走越远了。再次相见，是在官员朋友的追悼会上，布衣朋友最后送官员朋友一程。

一次，我参观一所名校。校长出来接待我们，他油头粉面的，腋下夹着一个黑色的小老板包，估计里面钱、卡满满的，但肯定放不下一本书。与我们见了一面后，他便说：“今晚约好了请县长吃饭，失陪了！”之后满面春风、得意扬扬地坐上小轿车一溜烟开走了。

望着轿车扬起的灰尘，我怀疑这不是校长，而是一个托儿，是专来应付我们的，可人家说他就是校长，还是当地的“名校长”！

试想：一个“官僚”办学，会带出什么样的老师来，会培养出什么样的学生来?

其实，校长就是个老师，不过多了思考、服务的任务；校长就是个孩子头，要融入孩子，了解孩子，研究孩子，影响孩子，发展孩子。

校长就是天天西装革履地站在学校门口、迎接老师和孩子的那个人。

仅此而已。

三 教育家校长的绝版

那曾经的教育家校长蔡元培、张伯苓们去世之后，我们就再也没有见过站在教育高地上的教育家校长了。

我们可以从制度、环境、条件等多个方面寻找为什么再也没有诞生教育家校长的原因，其中有一个非常重要的原因十分值得我们思考：如今的校长，是否还有蔡元培、张伯苓等人那样的独立人格和教育情怀？

前几天，一位县教育局局长告诉我，一次他应邀去吃饭，发现同桌还有一位外地来的中学校长，陪着中学所在地的派出所所长一块儿来游玩。那位中学校长心宽体胖，喝了不少酒，饱餐之后就去开房间午休了。这位局长朋友愤愤地告诉我："如果这个校长在我的手下，我一定撤了他——现在正是期末复习的时候，他竟然出来游山玩水！"

像这样丧失了独立人格和教育情怀的校长，还有多少？

蔡元培任校长时，教育部部长曾要求北京大学接受教育部直接领导，蔡元培说："北京大学是教授治校，民主办学。如果教育部要管，或者你们来做校长，或者我走人！"今天有的校长，为了保住"校长"这样一个"官位"，怎敢有如此的气魄和胆略？今天有的校长，为了一个"官位"，恨不得把脑袋都削尖了，把人格都丢尽了，哪来的教育情怀？

抗日战争时期，南开大学被日本人炸没了。蒋介石找到张伯苓说："张先生，南开没有了，您来南京做教育部长！"张伯苓回应说："我还要回去恢复南开，继续办学！”今天有的校长，不要说部长，就是当个局长、处长、科长、股长，也是趋之若鹜，还管他南开、“北开”，做官第一呀！

教育家校长，需要有独立人格和教育情怀。

三
站在校门口数星星

有一个天天携一本书在校园里穿行的校长，全校孩子就会喜欢读书；有一个把孩子当“人”看待的校长，校园里就会弥漫着民主与自由的气息；有一个穿戴整齐、风度翩翩的校长，孩子们就会像君子一样优雅……

校长就是这么一个人——在孩子们的心目中，校长就是全世界最大的“官儿”。

我做校长有个习惯，就是喜欢早上站在学校门口迎接孩子，观察孩子，了解孩子。我将其称为“站在校门口数星星”。

我曾到美国的一个学区访问过，这个学区要求校长认识全校 80% 的孩子。我认为这才叫教育。校长若连孩子都不认识，孩子也不认识校长，他怎能影响孩子？我们有的中小学有成千上万人，我们的星星太多了，校长根本认不过来。

于是，我天天站在校门口数星星，并对他们进行分析。譬如，一个穿戴整齐或邋遢的孩子，有什么样的妈妈？一个彬彬有礼或不懂礼貌的孩子，有什么样的班主任？一个矮小或很胖的孩子，有怎样的生活习惯？……

特别是像玉泉小学这样拥有多个校区的学校，如果校长早上不能轮流到各个校区门口去迎接孩子，哪个孩子会见到你、认识你？教育又从何处开始？

校长，可不是坐在办公室里装腔作势、发号施令的那个人！

三

校长的职业定位

我们在台湾先后参观了十所学校和幼儿园，加上在台北与部分校长进行了联谊活动，前后接触了近二十位校长。我发现台湾的这些校长有三个特点：一是年龄偏大，大部分人五六十岁；二是很儒雅，一般都西装革履，谈吐优雅，彬彬有礼，好几个还系上了亮丽的黄色领带，流露出青春的气息；三是笑容满面，风度翩翩，真诚待人。

台湾校长基本上实现了职业化。校长入职要经过一个严格的遴选程序，即教书多少年后才能做到一个中层职位；在中层做多少年后参加培训，然后考取校长资格，考取后如果学校有位置，就可以上岗。遴选程序相当严格，杜绝了人情干扰。

一位校长在一所学校的一届任期是四年，特别优秀的校长最多连任两届，即使做得再好，届满后也要调走或回任教师。如果想到其他学校任校长，还需要重新参加遴选。遴选制打破了校长终身制，有效运用了竞争机制。在兴雅小学，我看到送给校长的花篮条幅上写着：“祝贺校长连任。”

台湾的学校一般只设一位校长，没有副校长。这有利于充分尊重和发挥校长的聪明才智，有利于加快决策的制定和执行，有利于提高工作效率。

在台湾，校长这个职位吸引了许多有理想、有抱负的教师，遴选制成为教师升迁的重要渠道。

我认为这种制度设计得很好，理由有两个。

第一，一般一位校长接任一所学校，其智慧和能量在四年里就会释放得差不多，优秀的校长可延续到第八年。然而，一位校长即使再优秀，如果成年累月待在一所学校里不动，慢慢地也就会无所作为。如果没有竞争机制，任何事物最终都只能僵化。

第二，如果一所学校碰上一位平庸的校长，最多折腾四年，还不致把学校办砸。如果一位平庸或有问题的校长在一所学校里做上一辈子校长，这所学校就再也难以办好。

所以，台湾的名校是一届又一届风格不同的校长智慧的结晶，而不是因为有一个“能人校长”而成为名校的，也不会因为“能人校长”调走或退休又随之弱化为普通学校。

大陆校长的职业化还是一个遥远的问题。一是因为没有一个完整的选任体制，校长都是教育或组织部门直接考察、任命的，甚至许多校长并非教育专业出身。选任随意，必然会导致良莠不齐。二是因为没有明确的制度化的使用机制，在任校长除非出了问题，或提拔了，或退休了，否则会一直在一所学校里做下去。问题是，今天评职称，明天考核，后天评先进……这些具有中国特色的活动项目一个接一个，加上人情社会这一大环境，必然导致学校内部问题成堆、矛盾重重、关系复杂。三是因为没有校长淘汰和退出机制。如果一位校长不称职，或者调到教育机关任职，或者调到另一所学校继续任校长，或者等待退休，总之不可能再回去教书。我见过一位平庸的校长，办坏了一所学校，由于上面有人，又调到另一所学校当校长，如此接连办坏了三所学校，直到退休为止。四是因为班子制导致相互扯皮、内耗，从而降低工作效率。大陆的学校不管大小，一般都配备数位副校长。由于任用体制问题，校长往往难以协调关系，一旦领导干部形成派系，校园里就会乌烟瘴气。

决定学校教学效率高低的主要因素是校长。改进校长的选拔和任用制度，把学校的领导权托付给合格的，尤其是在管理方面受过特定培训、富有经验的专业人员尤为重要。都说“一位好校长就是一所好学校”，然而，办学不能只靠几位好校长。要让所有校长都成为好校长，我们的教育才有希望。

三

学生教我做校长

我几乎天天与孩子打交道，经常扎进孩子堆里倾听他们的话语，悄悄观察他们的行为。但是，老实说，要走进孩子的心灵世界，真正透彻地理解孩子，我感觉还是很困难。

一个并不懂孩子的人，却在那里决策学校的事情，岂不可笑？岂不可怕？所以，我经常对学校里的管理者说：“要学会问计于师生！”

四年级的张乐诗小朋友教过我如何做校长。这是我刚刚来到玉泉小学时他通过邮箱发给我的，题目是“假如我是校长”。

> 我经常对着窗户发呆，幻想着假如我是妈妈、假如我是神仙、假如我是老师，刚刚我又发了一会儿呆，幻想着假如我是校长……
>
> 假如我是校长，我要把校园改造得像花园一样美丽。首先要改造大门，不要这个像停车场一样的铁门，而是种上七棵树，树与树之间就是不同年级的通道。我要让同学们在操场周围种上自己喜欢的花草，有茉莉花、月季花、梅花、菊花……我要在教学楼外种满爬墙虎，楼顶还要开出一片菜园，可以种黄瓜、冬瓜、南瓜、苦瓜……课间或中午吃饭前可以上去摘一些吃。哦，我差点儿忘了，在操场周边还要弄一个池塘，池塘里有鱼、有虾，放学后可以钓鱼

摸虾，若可以种上漂亮的荷花就更好了。

假如我是校长，我要把所有的课程都变得无比有趣。音乐课嘛，我们就在池塘边围成一圈，老师拿把吉他教我们唱歌。科技课，就去科技馆吧，老师当讲解员，给我们讲解科学知识，那该多好哇！还有我特别喜欢的语文课，我要把它变成故事会，或者是让大家把自己看过的书和同学分享、讨论，作业就是回家看自己喜欢的课外书，练习朗读自己喜欢的一两篇文章，第二天上课时大家比赛，看谁读得又流利又好听。

假如我是校长，每个月我都要带同学们去不同的地方玩，去爬山，去果园里采摘，还要去看一看汽车是怎么制造出来的、衣服是怎么做成的、棉花是怎么变成衣服的……

“快吃饭喽！”妈妈的一句话，打断了我的发呆，我回过神来。

唉，真希望我们的新校长能跟我想的一样！

孩子，今天我已经学会了如何做校长，就朝着你设计的路线不停步地前进！

三 校长的假期

行成于思。对学校这样的特殊组织来说，尤其如此。

学校可谓是一个“自组织”，具有规定性、程序性的特点。学期初，只要排妥课程表，安排好班主任和任课教师，发放完教材，规定好作息时间，铃声一响，老师、学生各就各位，校园就会自动运转起来。从某种意义上说，不管有没有校长，学校都一样运转。

学校怎样“行”得更好？这就需要校长的“思”。

校长何时“思”？假期。假期不是校长休息、玩耍的空闲时间，而是校长思考的日子，因为如果开学之前校长没有思考好“行”的问题，开学后，校园便像以前农村的驴拉磨，根本不会有新的开始，只能重复昨天的故事。于是，一个学期又一个学期，学校那盘“磨”就不知转到哪里去了。由于校园运转的品质不一样，学校的层次也就不一样，有的变成了优质学校，有的变成了薄弱学校。

我从正月初八开始，一直在思考并撰写这个学期的工作要点。今天上午，我与老师们进行了讨论，把“干什么、如何干、干到什么程度”的思路基本确定下来。

学校教师代表大会通过的2011—2012学年学校发展的主题是“课程变轨”。为了落实学校的发展目标，我列出了本学期要完成的35件事，主要围绕两个点展开：管理方面，强调基础与规范；教育方面，强调课程重构与师生的自主发展。

发展如果仅靠外来的力量推动，就不可能取得成功。发展和成长，一定是老师和学生自己的事。只有老师和学生自己想发展、要发展，我们才能寻找到幸福教育的办学路径。譬如，彻底改变以老师教为主的模式（甚至限制老师在课堂上的讲解不能超过15分钟），把学习的权利还给学生，建立“自主、合作、探究、体验”的有效课堂。譬如，把课外发展的权利还给学生，不控制，不逼迫，不约束，而是通过实施“追星计划”，让学生自由选择、主动发展、幸福成长。譬如，实施教师专业发展积分奖励制度。我想，只要我们的老师、我们的学生把发展变成自己的事，学校就成功了。

校长的假期，应该是思考的日子。

三

校长要有“亲”学生

上周五下午，我路过三年级的办公室，看到一群学生围着贺老师有说有笑，就走了过去。一问，方知是一群贺老师教过的已经上初中的学生，前来为贺老师庆祝生日。我很羡慕。

我知道，学生对班主任和任课教师的感情是深于对校长的感情的，因为校长距离学生太远了。所以，做校长很“悲哀”，虽然拥有大批学生，但没有“亲”学生，我好像还没有发现已经毕业的学生专门回到母校为校长庆祝生日的。

当然，全校 1800 个学生都是校长的学生，没有亲疏之分。

但是，我做校长，还是希望拥有自己的“亲”学生——亲自教授的学生。

我们学校周一、周三、周四下午是自主选修课时间，学校和级部开设了一系列校本课程供学生选修。我也凑热闹，创办了“小作家班”，招收三个班，供四、五、六年级的学生选修。从 2011 年 9 月开始，我也拥有了自己的“亲”学生。这三个班，分别被命名为“西游班”“水浒班”和“三国班”。我希望通过一年的教学，实现三个目标：一是引领学生阅读《西游记》（四年级）、《水浒传》（五年级）和《三国演义》（六年级），因为我发现许多北京的孩子没有阅读过四大名著，而阅读四大名著恰恰是成为作家的基础；二是教学生学会观察和思考，这是创作所需的最为重要的素质；三是让学生阅读积累，读写结合，练笔创作，提高写作水平。

于是，校长办公室就变身为教室，校长的办公桌就成了讲桌，开会用的电子屏幕就成了黑板，中间放的一些小凳子就成了课桌椅，淘来的四大名著就成了教材……外地的老师来我们学校学习，看到我的办公室里人满为患，不知为什么。等我一解释，他们连声说“好”。

这些学生都很聪明，也爱学习，对名著从不喜欢变为很喜欢。现在，我们一起讨论名著的内容，一起研究写作技巧……我们准备在学期结束的时候，把学生的习作结集出版。

前几日，我利用周末时间专门带领学生去位于建国门外的青少年阅读体验大世界采风：观察书店的布局与景致；购书，每人挑选几本自己喜欢的书；体验自由阅读的快乐。我还自费为学生提供了麦当劳午餐，发放了小礼物。可惜的是，有几个学生由于忙着上社会辅导班而没有参加——有些家长真的不知道什么对孩子最重要。

我也盼望着多少年以后，我的“亲”学生不论身在何处，不仅记着班主任老师，也记着他们的校长。

三

过一种不抱怨的生活

如今做公办学校的校长，空间实在太小，经常左右为难，所以好多校长就抱怨：“没有钱，没有好老师，没有好学生……怎么办好学校？”于是，他们天天处于观望和等待状态：给我资金哪，给我政策呀，给我支持啊……然而，如果等着万事齐备后再去办好学校，那么，在这之前会有多少孩子从我们手中毕业、走向社会？又有多少孩子会被我们耽误，没法更好地成长？

我想起了艾森豪威尔的故事。

艾森豪威尔年轻的时候，一次晚饭后跟家人一起玩纸牌游戏，连续几次都抓了很坏的牌，他开始抱怨。他的母亲停了下来，表情严肃地对他说道：“如果你要玩，就必须用你手中的牌玩下去，不管那些牌怎么样！”

他一愣，听见母亲又说：“人生也是如此，发牌的是上帝，不管怎样的牌，你都必须拿着，你能做的就是尽你的全力求得最好的结果。”

很多年过去了，艾森豪威尔一直牢记着母亲的这句话，他总是以积极乐观的态度去迎接命运的每一次挑战，尽己所能地做好每一件事情，从一个默默无闻的平民家庭走出来，一步一步地成为中校、盟军统帅，成为美国第34任总统。

艾森豪威尔逝世后，约翰逊在哀悼词中称赞他“勇敢和正直”。他的勇敢正是因为他能牢记母亲当年的教诲：人生如打牌，既然发牌权不在你手里，那么，你能做的就是用你手里的牌打下去，并努力打好，除此之外，你别无选择！

用好校长手中的牌，我们才会不辱使命啊！

给点儿阳光就灿烂

清明节放假，我们一家人搭出租车去北京南站坐动车回山东。走在莲石东路上，看见路两边桃红柳绿，我对爱人和女儿说：“北京这树，绿得真浓郁！”

司机师傅接过话来：“别看现在天气还这么冷。这树哇，给点儿阳光就灿烂！”说完，嘴里哼着小曲，悠然地驾车前行。

回到老家扫墓，走在巷子里，从南头到北头，我数了一下，从我记事起，已有30多人离开了这个世界。这些人的音容笑貌似乎还在眼前，那些亲情、友情以及数不清的故事，都埋到了故乡埘阜山下那片坟地里，永远不再重来了！

人，来到这个世界上，究竟为何？仅仅是为了走一趟？

苏格拉底曾经问过无数人这个问题。

人，来到这个世界上，是从此岸走向彼岸。不论路程是远还是近，重要的不是抵达彼岸，而是我们如何走过。

我想起了出租车司机师傅那句话——“给点儿阳光就灿烂”！

人，就像那红桃绿柳，也像杂草荆棘，甚至像狗尾巴草，给点儿阳光就灿烂。

我想到了校园。

请教育局局长们多理解和体谅校长，给校长一点儿阳光，让校长灿烂一笑。

请校长们多理解、宽容、体贴、尊重和支持每一位老师，给他们一点儿微笑，给他们一点儿春风，给他们一点儿甜言蜜语，让他们每天如沐春风，灿若桃花。

更希望老师们从春天走来，裹着温暖和大爱，把那些小草、小花、小枝、小叶们吹拂得袅娜多姿、姹紫嫣红！

给点儿阳光吧！让大家灿烂一回吧！

三

做一个追梦的人

奥地利乡间的一个十二岁男孩，看到美军驻地的大兵英姿飒飒、气度非凡，甚为羡慕，经常做一个美丽的美国梦。终于有一天他来到美国，开始为实现他的美国梦而努力。

健美先生——演员——名人——进入上流社会——州长——总统，这是一条实现美国梦的路径。于是，他从做健美先生开始，获得“奥林匹亚先生”称号后进军好莱坞，成名后开始追求肯尼迪家族的小姐，追了十年终于被肯尼迪家族接纳，进入上流社会，进而竞选州长，一炮打响。

这个人就是美国加利福尼亚州前州长施瓦辛格。

2004 年我到美国加利福尼亚州访问时，还看过他演的电影。那时他已是州长，拿 1 美元的年薪。

因为美国宪法规定，美国总统候选人必须在美国本土出生，所以，施瓦辛格最终没有走到总统的位置上。如果允许的话，也许他还会去竞选美国总统。

世界上最厉害的人，就是拥有梦想并不断追求梦想的人，因为他们无往而不胜，没有成就不了的事业。如果一个人没有梦想，他可能碌碌无为地活着，但他的灵魂却死掉了。

多年前，我也有一个梦想。这个梦想到现在虽然有些支离破碎，但我已经追求了十年。

我的耳边经常有一个声音，好像是柏拉图、卢梭、赫尔巴特、洛克的，又好像是苏霍姆林斯基、杜威的，它从遥远的国度飘入我的耳朵：圆梦吧，圆梦吧……

［附］

我有一个关于学校的梦想

我有一个梦想，一个关于学校的梦想。

我想建造一所充溢着幸福的理想学校。

校园是一块块花花绿绿的土地，那是孩子们劳作的试验田，他们走过耕耘、播种和修剪的季节，正在忙着收获果实。一年的辛勤劳动教会了他们如何去读懂并尊重每一个生命；面对大自然的威严和慈爱，知道怎样敬畏天地。田野深处还有一座座车间，里面摆放着各种工具甚至还有车床，孩子们在里面各自忙着自己的设计和制作。继续往前，你便会看到美轮美奂的图书馆。在这里，孩子们可以选择自己喜欢的读物，可以以自己喜欢的方式自由阅读。他们甚至可以自己创作和编辑新的图书，在这里自助出版……

这些田地、树林、车间、图书馆就组成了孩子们学习的场所。

在这所充溢着幸福的理想学校里，孩子们可以自由选择自己喜欢的课程，可以自由选择自己活动的时间，可以自由选择自己喜爱的活动，可以自由选择自己热爱的老师，可以自由选择自己心向往之的场所……这里没有铃声，没有班级，没有过多的规矩，更没有来自老师和家长的抱怨甚至“摧残”……孩子们像天空中的鸟儿一样自由地展翅飞翔。他们过着真正属于自己的教育生活，而不必试图去做什么“人才”。他们的天性得到了自由释放，潜力得到了自由发展。他们的行为是规范的、自律的，心灵是自由的、舒展的。

自由，这是幸福校园最重要的标志。这儿，流淌着自由的泉水，弥漫着自由的空气，孩子们享受着自由呼吸的教育！幸福，就像花儿一样开放在富有浓郁生活气息的土壤里，这些细碎的土壤里饱含民主、平等，尊重、关爱，童心、童趣……

我有一个梦想，一个关于学校的梦想。

在这儿，校长可以自由地施展自己的智慧。学校就像是一张洁白的图纸，任你拿起柏拉图使用过的笔，涂抹理想国的画卷。终于，你像尼尔一样绘出了夏山学校，像小林宗作一样画出了巴学园，像海伦一样涂抹出了道尔顿学校，像鲁道夫·史代纳一样勾出了华德福教育……

在这儿，做一个教师是伟大而崇高的。他们心中总是爱潮涌动，灵魂深处总是激情燃烧。他们富足，他们体面，他们快乐，他们幸福，他们有尊严地生活着，并把这份快乐和幸福、价值和尊严愉悦地传递给每一个孩子。他们已经把孩子当成了自己生命的一部分，把教育当成了自己的呼吸，与孩子、教育须臾不可分离……

在这儿，没有急功近利的家长。很多家长已成为孩子的第一任老师，是学校教育资源的重要组成部分，用自己的特长从事和参与教学。很多家长干脆把孩子完全交给学校，支持学校为孩子所做的一切。他们不再抱怨老师和孩子，他们总是以欣赏的眼光看着孩子一天天长大。他们与学校融为一体，与老师心灵相通……

马丁·路德·金的梦想，是建设一个种族共融的国家；而我的梦想很小、很小，只是梦想着在中国的土地上，建设一所小小的充溢着幸福的理想学校。

我的梦想——

一个关于学校的小小梦想！

Ⅲ

为老师铺上红地毯

三

为老师铺上红地毯

我每天早上 7 点到学校的时候，总是见到图书室的付老师已经在用早餐了。我在想："她又不是班主任，来这么早做什么？"

一天，她有事来到我的办公室，我们聊起了家常。我说："付老师，您不用天天来得这么早。"她笑了："我一辈子都这样，习惯了。我告诉您——我从来没有跟别人说过——我婆婆和丈夫都是癌症患者，他们动手术时，我仅请了半天假。真的，我不愿意麻烦大家，影响工作。"

望着她离去的背影，我被这样普通而又平凡的老师深深感动了。她没有上过大课，没有得过奖励，没有什么光环，更没有什么值得炫耀的业绩。她走在大街上，谁会认识她——就这样平平淡淡、默默无闻地为学校、为教育、为孩子工作了 40 年的老师？

而过几天，付老师就要退休了！

一个周二的下午，我们为付老师举办了一个别开生面的离岗仪式。我们铺上红地毯，在热烈的掌声中，付老师走到一百多位同事中间；在美妙的音乐声中，孩子们为她献上鲜花和歌声，学校送上专门为她制作的匾牌，上面是我写的四句话——"三尺讲台四十载，'腹'中书气育英才，'秋'实累累香玉泉，'平'添华发乐开怀"，把她的名字镶嵌在里面。老同事深情地回忆起共同走过的岁月，新同事道出了对老教师敬业精神的敬佩之情。付老师答谢时深情款款，泪眼婆娑，几度哽咽，赢得了老师们的阵阵掌声。

如今人们说起老师，都认为他们是"辛勤的园丁""燃烧的蜡烛"，"担负着培养祖国未来的重任"，理应得到尊重，但实际上，很多人只是嘴上说说，并没有落实到行动上。

我想，为那些默默无闻地把自己一辈子的年华献给一批又一批孩子的老师铺上红地毯，是校长多么应该做的一件事啊！

三

老师这个群体

做老师，很辛苦。

其实，老师的辛苦并不在于工作的辛苦，更多的是心里的辛苦。心里的辛苦，既来自学校外部的压力，也来自校内无形的压力。

在今天的社会里，老师就像一个软地瓜，谁都想挤压一下。

当被挤压的情绪无法排解时，老师们心里就会有火，就会说几句抱怨的话、发牢骚的话，于是就有人给他们戴上一顶帽子——老师毛病真多！

我与很多老师共过事，我对老师的感受是：老师这个群体是世界上最可爱的人群，给一点儿基本的生活保障，给一点儿肯定和夸奖，给一点儿理解和支持，他们就很知足。他们起早贪黑，兢兢业业……他们是在为我们民族的未来做贡献哪！

限于政策，我们无法给老师提供更好的物质条件，但至少我们心中应该始终装着老师、想着老师，要多给他们一些理解、一些宽容、一些掌声、一些赞美。

在现阶段，社会还不能为老师提供更好的福利和待遇。我想，校长，就要倾尽自己的智慧和能力，为这些“软地瓜”支一个铁架子，让他们舒心地、幸福地行走在教育的田野里！

三

老师是孩子生命中的贵人

有个记者在采访我国材料学的领军人物——一位资深院士时，称赞他说："您是我国纳米领域的权威呀！"院士说："我只是在纳米领域有一些自主研发和创新，但我一生没有什么创造！"记者问："为什么？"院士想了想说："我没有遇到好老师。"

是啊，即使我国在纳米研究领域里处于世界领先地位，也是外国人创造了纳米技术，我们是跟在后面追赶上来的。原创？创造？发明？看看我们手头在用的生活必需品，看看你的桌子上摆的东西，有几样是国人的原创？我看，除了祖宗传下来的筷子和豆腐，几乎就没有了！

这位院士把没有创造能力归咎为没有遇到好老师！

说句公道话，这不完全是老师的原因！但是，我敢说，老师绝对是影响孩子一生的重要人物。

孩子遇到好老师，可能比选择一所好学校更重要。

《当代教育家》总编辑李振村先生，是全国小学语文教育界有名的才子，他的文章写得好，字字珠玑，文采斐然；他的口才顶呱呱，出口成章，妙语连珠。他能取得今天的成绩，主要受益于一位被打成"右派"而下放到乡村小学做老师的京剧演员。这位老师文学功底深厚，戏唱得好，深深地影响了李振村先生的一生。

我在成长过程中也遇到了两位好老师。一位是高中时代的李希贵老师，他在我做人和做校长方面给予了精心的培养和指点；一位是前中央教科所所长朱小蔓教授，她在学术发展和研究态度上给我以引领。可惜的是我没有上过小学，没有遇到过像李振村先生的小学老师那样的好老师。

做老师是一件良心活，一句表扬、一句批评、一句提醒、一句指点、一个爱抚、一个笑脸、一份关怀、一份温暖……可能就会成就一个人的一生。

人这一辈子能够遇上一位好老师，真是三生有幸啊！愿我们的老师，都能成为孩子生命中的贵人！

三

教师不是一个职位

今天是教师节，是全社会对教师表达尊重的节日。

起床后看早间新闻，其中有总书记考察北京市第八十中学。我们知道，国家领导人在某些节日借助某些平台发表演讲，是一种国际惯例。因此，总书记的考察活动并没有让我格外注意。然而，当我看到一个细节时，眼泪差一点儿落下来：总书记在发表演讲的时候，向老师们深深地鞠了一躬！

我想，在总书记的心底，一定涌动着一份对教师的情怀。不论是谁，不论职位多高，只要是大善的人，面对教师时，一定会涌动着这样一种情怀。

从这个意义上说，教师不是一种职位。因为其他任何一种职位，都不足以让人产生这样一种情怀。

全国著名小学语文教师于永正40年前做班主任时，有人向他告状："您班上的两个学生偷了我的黄瓜！"那个时候不像今天到处都有黄瓜，黄瓜很珍贵。于老师在班上要求两个偷黄瓜的学生"举手投降"，但只有一个学生承认并做了检讨，另一个学生用尽各种办法，就是不"投降"。这位优秀的班主任气坏了，真想把这个小子提起来狠批一通，但他知道那样会对孩子造成什么影响。几天后，在一节自习课上，于老师走到那个学生身边悄悄地说："黄瓜的味道怎么样？"那个学生羞赧地看了老师一眼，算是承认了。

很多年过去了。一次，于老师来北京，那个不肯承认偷黄瓜的学生，已经成为一名高级军官，他去机场接于老师。在进城的路上，师生交谈甚欢，突然于老师抓着学生的手说："黄瓜的味道怎么样？"师生一起大笑起来。学生真诚地说："于老师，您保护了我的自尊，也保护了我的成长，所以，您对我的影响是终生的。"

从这个意义上说，教师不是一个职位，而是人生的导师。

一位中学老师对我讲过一件让他印象深刻的事："有一次我从乡下回县城，太阳火辣辣的，我在站牌底下等车。突然，一辆奥迪小轿车停在了我的身边，上面下来一个人，非要把我接到车上。他说：'您还记得我们班上那个调皮捣蛋、经常被罚的同学吗？'哎呀，是他呀！他虽然没有考上大学，但是做了织布厂的老板，有很大的实业。我坐在他的车上真的不好意思，因为他上学的时候，我把所有的爱都给了那些所谓的好学生，像他这样的，除了批评、罚站，哪里会跟他们说过好话？但他告诉我：'老师，谢谢您的培养，如果您不严厉管教，我就不会有今天。'我脸红啊，惭愧呀。说实话，我做班主任那么多年，许多优秀的、我看重的学生，到了北京、上海和国外学习，都学有所成。然而在我退休后经常来看我的，只有他。而我做老师时对他却是最不好的！我现在终于明白，必须平等地看待每一个学生，不论他的学习成绩好坏，这才是为师之道哇！"

从这位老师的故事中我领悟到，教师的确不是一个职位，而是哲学"大师"！

三

向这样的名师致敬

如今我们心目中的名师，大多是讲公开课、示范课等大课讲得很出彩的老师。他们在讲台上呼风唤雨，把孩子们调动得泪眼婆娑。

而我则非常欣赏另一类名师。

他们只在自己的班级里，天天与孩子们泡在一块儿。他们没有获过大奖，没有得过证书，没有评过先进。他们风风雨雨上班，披星戴月回家。

我每次经过操场时，都能看到教体育的陆老师在非常认真地上课。他带着低年级的孩子扎扎实实地落实体育课的教学目标。太阳再毒，北风再大，他都几十年如一日地站在那儿，在孩子们的衬托下，已成为学校的“标志物”。

我做过多所学校的校长，知道体育老师的教学。很多体育老师不到五十岁，就自觉老了，就不认真了，上课带着孩子们玩玩而已，管他什么教学内容和目标。陆老师年近六十，再干两年就退休了，但不论什么时候我看见他上课，他都是这样认真、一丝不苟。这是我见过的众多老师中最了不起的一位。我曾当面表扬他，他说：“表扬我没有用，几十年了，我都这样。多表扬年轻的老师！”

有一次升完旗，我看着老师和孩子们陆续离开操场。我最后一个离开，离开前把地上的几片纸屑捡了起来，扔到垃圾箱里。一抬头，发现陆老师站在一边。他说：“你是我见过的第一位捡垃圾的校长。”我笑了。因为陆老师是一个比较犟的人，好多人都有些惧怕他。让他表扬校长，很难！

在我的心目中，陆老师其实就是名师，虽然他没有获过大奖，没有得过证书，没有评过先进。

仔细想一想，我们今天培养出来的名师大家、能工巧匠、芸芸众生，不正是这些“另类名师”精耕细作的杰作吗？

我情愿向这样的名师致敬！

三

玉泉花

今天我到分校办公室，保洁工——一位优雅的女士走了进来，指着窗台上的一盆花说：“校长，这是我送给您的玉泉花，红边绿叶，非常漂亮！”

我一愣，还有玉泉花？我连忙表示感谢。然后仔细看看，发现这花儿还真有些特别，以前好像没有见过。

我摸了一下，感觉这花儿有些干，便浇上一些水。

我突然想到了这位漂亮、优雅、能干的女士。来到北京后，第一次见到她时，我以为她是一位老师。她衣着不俗，面容姣好，气质优雅，谈吐文明。之后，别人告诉我，她是我们学校的一名保洁工，在这儿做了许多年了。她是一个热心肠的人，有时候看到老师累了，就主动给大家按摩按摩；她还是一个勤快的人，有一次她说怕午餐后走廊上的水让孩子们滑倒，就不断地拖地。最近我又听说，她还是中国自行车运动协会的会员，经常骑车走全国，还去了西藏……

我来到北京工作，人生地不熟，但我感受到了大家庭的温暖，相识和不相识的人，都在帮助我、照顾我、关心我。今年春天我累倒了，接到了三十多条问候短信，回到学校，好多人都问候我，也包括这位女士。这次，因为分校办公室原来的桌椅坏了，换了一套新的桌椅，可能她感觉需要放上一盆花。

她让我想到了人生幸福问题。第一，一个人是否幸福，与工作职位和钱财多少没有必然的关系。虽然这位女士是做保洁的临时工，工资很少，但这无法阻挡她拥有幸福的人生。第二，一个人是否幸福，主要是看自己的主观感受。有的人给他金银财宝，给他香车别墅，他也不一定幸福。幸福往往是在积极的生活中、在帮助别人的过程中、在努力工作中找到的。所以，不要抱怨生活，而要学会感受幸福、品味幸福。这位女士一直在帮助别人，所以她获得了幸福。

最近，一位老师向我推荐了一本书——《计较，是贫穷的开始》。一个人，要是常常与国家计较，与单位计较，与别人计较，与家人计较，与自己计较，就一定没有好结果。因为你一计较，就会让你失去人脉，失去别人的支持，失去别人的赞赏，失去别人的尊敬。这样，你还能得到什么？财富没有了，朋友没有了，幸福也没有了。

玉泉花，多么美的名字！我们学校拥有众多“玉泉花”。今年教师节评优，大家投票选出的22位老师，是优秀教师群体的代表。这些人有一个共同点，即爱岗敬业、默默无闻、善于帮助别人。

我盼望着众多“玉泉花”把玉泉校园装扮得更加芬芳、更加美丽！

三

无限相信老师

周一早上7:20，我正在校门口执勤，接到冯老师的请假信息：“校长，昨天发烧，今天未退烧，不能上课，请假一天。”

按照惯性思维，可能有人会这样想：这个老师真是的，生病了不早说，此时请假，找谁去代课？

但我不这样认为。

我认为，冯老师一定是这样想的：今天烧了一天，早点儿睡，好好休息，也许明天就能上班了。可是到了早上无论如何也起不了床，只得向校长请假。

后来我了解到事实正是这样的。

按照我的经验，一般休息一个小假期后，一放松，肯定就会有一部分老师趴窝。这不，国庆节后有六位老师生病不能上课。一个萝卜一个坑，学校运转真难！然而，谁愿意生病？谁愿意耽误上课？我相信，任何一位老师，都是迫不得已才请假的。

今天，我和副校长、人事主任一起去探望了两位住院的老师。到了首钢医院，看望了得了心肌炎的 T 老师。她妈妈送我们出来，说："这个孩子一点儿也不像我，太要强了，经常备课到夜里 12 点，还能不生病？"我笑着说："这是您的问题。谁叫您家教这么好，培养了一个好女儿？"我们又到航天中心医院看望 C 老师，问起她的手术情况，她说："当时大夫问我动什么手术，我说，什么手术让我好得快，能尽早上班，就选择什么手术，所以选择了微创手术。"

说者无意，听者有心。当时我很感动，在她们身上，发生了多少动人的故事啊！说实话，玉泉的老师真是太了不起了！

做老师的，往往都特别爱面子，特别要强，总是拼命把最好的一面呈现给校长、同事、学生和家长。

无限相信我们的老师吧！做校长的，有了这样的想法，就一定能带出一支优秀的教师队伍；而一支优秀的教师队伍，才是办学的根本哪！

三

夸夸我们的好同事

相亲相爱的一家人尚且经常闹矛盾，何况是没有血缘关系的同事？

一个单位的同事，男女老少皆有，他们来自天南海北，脾气、性格各异，追求、爱好不同，要想让他们团结得像一个人，实在太难了。如果赶上调资、晋职、评先、提职等，大家不打个头破血流就很好了，哪敢奢望他们团结得像一个人？

然而，学校的特点、教师职业的要求，决定了只有相互谦让与宽容、相互合作与支持的教师团队，才能建设一所伟大的学校。我想，最重要的一点，就是倡导教师相互欣赏。于是，我在来到学校100天的时候，组织了“夸夸我们的好同事”活动。大家积极响应，对每一位同事进行了赞美和肯定，形成了一种其乐融融的大家庭文化氛围。

我们把每一位老师的相片和大家对他（她）的夸奖制成展板挂到了会议中心走廊的醒目位置。大家天天经过，都看着呢！

一位老师这样夸奖我们的同事。

> 在我眼中，你一直是一个上得厅堂、下得厨房的能干女人，在很多方面我都自叹不如。在家中你是贤妻良母；在单位你是一个认真负责的好老师，同事们喜欢你的开朗、随和，学生们喜欢你的真诚、有爱心。也正因为你对学生的爱是无私的，所以很多你已不教的学生还依旧回来看你。可见在学生的心中你是一位多么好的老师啊！

还有一位老师悄悄告诉我：“我是一个再普通不过的人，也没有获得过什么奖励、先进，真的没有想到大家对我的评价这么高，受宠若惊啊！我要好好做，要名副其实啊！”

在周二的教师大会上，我说：“我以为自己刚刚来到玉泉，没有人会夸我；没想到老师们对我如此厚爱，把我夸得脸红、心虚。我一定好好努力，为大家做好服务工作！”

真的，我们学校的老师，每一个都是那么棒！

三

牧者的智慧

一个愚笨的牧者，要把羊赶回羊圈，不仅需要牧羊犬来帮忙，可能还要用鞭子抽打头羊，还要不停地叫喊。而一个聪明的牧者，只需采一把新鲜的青草，在头羊眼前一晃，头羊就会跟着牧者，而羊群就会乖乖地随着头羊走进羊圈。

我想到了老师的工作。

一个老师走进教室，看到里面一片混乱，孩子们在打打闹闹，该如何让他们安静下来？大致有三种方法。第一种，老师拍拍手或敲敲桌子，大喊“静一静，上课了”，孩子们安静下来。第二种，老师啥也不说，走到讲台上，先写一个“表扬”，然后在“表扬”下面把那些安静的孩子的名字写下来，孩子们看到了，马上坐好。第三种，老师把拳头握起来，对着全体孩子说：“我这里有一个秘密……”孩子们感到好奇，马上安静下来，等待老师说出秘密——结果上完课后，老师讲了一个笑话。

采用第一种方法的老师不动脑子，用的是所有体力劳动者都会用的办法；采用第二种方法的老师，会动脑子，称得上脑力劳动者；采用第三种方法的老师，是智慧型老师。

老师需要智慧地工作。

我想到了“愚公移山”的故事。故事是说太行山、王屋山挡住了愚公的家门，于是愚公带领子孙生命不息，挖山不止，要把两座山搬走。智叟笑话愚公的做法，阻止愚公这么做，愚公不听，继续挖山。愚公移山的精神曾经是我们这个民族崇奉的价值观，但它也给我们带来了沉重的负担和灾难：很多中国人不会智慧地工作。

一次，经过吕梁山区，看到了一片一片的苹果，农民正从山上一担一担地往下挑苹果。当时我想：成千上万的农民不分白天黑夜地工作，其劳动成果的价值，能否赶上乔布斯那个被咬去一个角的“苹果”的价值？

在知识经济时代，大家比拼的不再是愚公移山的精神。同理，教师这一职业，比拼的也不再是谁更兢兢业业、起早贪黑，而是谁能更有智慧地工作。

教师的“那桶水”

一个朋友从美国买回来一部手机，自己不会使用，交给读初中的儿子，不到半天时间，儿子就教会了他如何使用。我新近添置了一台 iPad，使用起来很麻烦，又不愿意查阅说明书，于是求助女儿。女儿按照我的要求设置好程序，我再使用。前几天观课时，有一位老师感慨地对我说：“好多东西，我们不如孩子知道得多。在课堂上，我们常常不敢回答孩子提出的问题。”

我们不得不承认，成人的学习能力是不如孩子的。在当今这个信息化、智能化的时代，孩子们天生的学习能力对我们教师来说是一项挑战。

我们经常说，教师要有一桶水，才能给孩子们一碗水。现在看来，我们教师恐怕已经没有一桶水了。

一般，一个小学教师工作 10—12 年，教完两轮，差不多就熟悉了教学套路，能够把握教材的重点和难点，能够熟练地驾驭课堂。然而，我们的知识体系一般是十几年前掌握的，如果那时候我们有一桶水，经过十几年的滴、漏、跑、冒，我们可能还有半桶水，而且这半桶水可能已经成为死水了。

教师的那桶水，真的需要好好补充了。

民国时期，国立西南联大从建立到停止办学，其间由梅贻琦校长主持校务工作。当时连教师吃饭都有困难，但学校依然采取学术休假制度，每年派出数名教授到国外进修。这一制度促使西南联大取得了令人瞩目的学术成就。

今天的学校一个萝卜一个坑，没有多余的教师可以派出去，政府不会出钱多聘教师，更不会安排学术休假，让教师脱产学习。要补充教师的那桶水，我看只能靠教师自己。

三

好教师在孩子和家长们的心里

2011 年 5 月，美国总统奥巴马向美国国家年度教师奖获奖者米歇尔·希勒女士颁奖。希勒女士发表演讲时，一边站着总统，一边站着联邦教育部部长，可谓荣耀无比。美国有五百多万名中小学及幼儿园教师，先由学生、家长、校长和学区主任从中提名 56 名州年度教师，最后只有 1 人获得国家年度教师奖，由此可知希勒老师的确是最好的教师。

中国也有众多好教师被评选出来。不仅有国家层面的好教师，省、市、县、乡、校级的更多。我经常思考这样的问题：好教师的标准是什么？标准由谁来制定？好教师由谁来评选？

我们经常是上级下达先进指标，学校组织评选、上报，上级部门进行最终审核，于是，优秀教师就产生了。譬如，评选学科带头人，有时就是写一篇论文、开一次汇报课、请几个评委就定了。

很明显，标准是由教育管理机关制定的，先进是由各级组织评审出来的。在制定标准、评审先进的过程中，我们并没有看到教师所服务的对象的影子。

教师的职责是教育学生，向学生提供一种特殊的服务。谁在购买教师的服务？从表面上看，是政府，但本质上是纳税人，也即家长，因为政府给教师发放的工资来自纳税人。或者说，是纳税人供养了教师。毫无疑问，学生、家长应该是教师服务的对象。

当服务的对象的评价权被排除在外的时候，教师只能向教育管理机关制定的标准前进。此时，教师的眼里就没有了学生。

什么是好教师？好教师不一定是组织评出来的。其实不用专门评，孩子们心中都有一个标准，他们知道什么样的教师是好教师。当然，透过孩子的发展，家长也知道什么样的教师是好教师。

参评美国国家年度教师奖有一个前提条件，就是获奖者必须承诺，终生都在教师岗位上服务。希勒老师就是这样的。而我们最优秀的教师，往往因为拥有了这个称号，就有了离开教师岗位的资本，被提拔做别的事情去了。

好教师在孩子和家长们的心里！

每一朵花儿都烂漫

因为要评职称，今天下午我听了30位老师每人一分钟的述职报告。30位老师，年龄有大有小，专业水平有高有低……但每一位老师的演讲和诉说都很精彩，都让人怦然心动。其间，我笑了八次——因为有些老师的幽默和诙谐；感动了九次——因为有些老师的成就与情怀；有四次差一点儿流了泪——因为四位老师的精彩故事；还讨要了一张述职报告——因为小林老师将述职报告写成了一首诗，写得很美……

下班时已经晚上7点了。夕阳西下，我坐在高高的公共汽车上，看到玉泉路西高能物理研究所的院子里一簇簇月季花，红的、黄的、粉的，在暖色的阳光里尽情地开放着。我又想到了述职的30位老师，虽然只有6位被评上，但是他们每一位不都像月季花一样盛开、烂漫着吗？正是这些不同的花朵，为孩子们构建了五彩缤纷的花园哪！

如果我说了算，这30位老师都该晋升，因为他们都精彩，都烂漫。

然而，我说了不算，因为只有6个指标，这还是历年来上级批给我们最多的一次。老师们，我知道你们在一次一次的评审中，心灵被一刀一刀地割伤过，我自己也是如此。但是，你们依然一次一次地盛开、烂漫。

述职时，有一位老师说："我是一个不善言谈、默默无闻的人，这么多年第一次考核得了'优秀'……"说到这里，就哽咽起来。我的眼角也湿湿的，心里一声叹息："做个小学老师，多么不容易呀，又是多么伟大呀！"

在我心中，每一位老师不论晋升与否，都是五月里盛开的最美的月季花！

体育教师应是校园的一张名片

上海的李振村先生经常来北京公干。每次和他聊天，我都发现他总是能从他那独一无二的视角，从我们校长、教师司空见惯、习以为常的一些教育行为中，挖掘和总结出许多令我们震惊的事情。

以下是今年春天他来北京时的发现。

每次到北京，朋友都把我安排在海淀区的同一家宾馆。宾馆的楼下，就是一所小学的操场。每次早上8点钟左右，我都会被孩子们的做操声惊醒——我出差时晚上总是睡得迟，所以早上起得也迟。

从严格意义上说，不是孩子们把我惊醒的，而是一位喊号子的男老师把我惊醒的。

做操之前，大概是要整队。于是，一位男老师就不断地领着孩子们喊："1——2——3——4！ 1——2——3——4！"这中间大概总有孩子会出现各种各样的问题，于是，男老师时常要暂停喊号子，批评上一通。

这一切都是通过高音喇叭进行的。男老师高亢、嘹亮的声音通过高音喇叭的放大，基本上就变成了噪声向四面八方生硬地扩散开来。所以，好几年了，每年数次入住这家宾馆，每次早上都要被这位男老师嘹亮的训话声惊醒，然而每次我侧耳倾听，细细分辨，即便打开窗子，俯瞰整个操场，也无法听清男老师的训话内容究竟是什么，我只能凭猜测，大概是指出问题，提出批评，或者做出引导。

这位辛苦的体育男老师，这么多年重复做一件事情，没有丝毫效果，但他仍然乐此不疲地做，为什么？因为这么多年来，他就从来没有反思过训话的效果，没有反思过究竟该怎样改进自己的训话；大概也从来没有别的老师告诉过他，他的训话通过高音喇叭的放大变成了噪声。

…………

我当然知道他说的这所学校。经过他这么分析，我再研究一下自己的学校和附近的学校，观察一下我们的体育教师，结果发现，不仅这所学校的体育教师如此，恐怕大部分体育教师都是如此。

昨天早上我在校门口碰到一位老太太，她来为明年上学的孙子报名。我说明年春天才报名，然后问她为什么这么着急。她说："我去过好多学校，就看到你们学校的老师最认真。为什么？我进不了学校，只能从校园外面看体育老师在操场上上课，好多学校的体育老师要不就在那儿斜着眼睛、抱着膀子训学生，要不就在一边打手机，要不就坐在一边玩，不管学生……”老太太列举了很多。

体育课是室外课，社会上的人对一所学校的第一印象，就是来自对体育教师的直观感受。记得在山东时，一次一位领导来到我们学校，第一句话就是：“你们那个体育教师教学不规范。”因为他第一眼看到的就是体育课，就是体育教师的教学行为。

但愿我们的体育教师，穿着再职业一些，说话再轻柔一些，上课再有技巧一些，对自己的行为要求再严格一些……因为体育教师应该是校园的一张名片。

学会尊重老师的劳动

在台湾东园小学，听完课座谈交流的时候，校长一再向授课的邱老师表示感谢。他说：“当知道大陆同行贵宾要来听课的时候，我感到很为难。当时与邱老师商量，没想到邱老师把这个任务接了下来，向各位展示了自己的课堂。我代表各位再次感谢邱老师！”

这番话让从大陆来的校长和老师们感到费解：学校要求老师上观摩课，不是天经地义的事吗？需要校长这么感谢老师吗？

原来，在台湾，校长、主任、老师和外来访客，未经授课老师和学生同意，是不得随意进入班级听课的。为什么？我想这是对老师和学生基本的尊重。你去听课可以，但必须征得师生的同意。

我想到了我们的推门听课制度。推门听课，可谓是我们的一个传统，就是在师生事先不知道的情况下，校长等教学管理人员突然进入班级听课。这几年对此争议颇多，《中国教育报》还组织过专门的讨论，各方争论激烈，主要有两个观点。局长、校长、主任等管理者认为，推门听课作为教学管理的重要方式，应该大力推进——通过推门听课可以监测教师的教学行为，评估教师的教学效果，从而给予教师一定的压力。而反对方认为，推门听课是对老师的不信任、不尊重。有些老师抗拒这种管理行为，因此许多学校出现了管理者进不了班级或老师以某种方式委婉拒绝听课的现象。曾有一位老师告诉我，一见推门听课的，他就浑身冒汗。

台湾不准推门听课，而大陆则将其作为一种管理和监测手段，我想，这反映了不同的文化背景和教师的实际情况。

台湾的教师入职是很严格的，一般是本科、研究所（我们叫研究生）毕业，再取得教师资格证书，试用两年后，才能转为正式教职。试用期间劳资双方双向选择，即教师要考虑是否喜欢这一职业，校方要考虑对教师是否感到满意。台湾的学校把“教师是称职的，能够按照课程纲要完成教学任务”作为前提，放心地把课堂交给教师，只评估学生的发展。只有相信教师，才能尊重教师的人格和劳动。

而大陆的教师数量多，来源复杂，中专毕业的、民办教师转正的、临时代课的等，什么情况都有。有些人当教师并不是因为喜欢这一职业，而是为了有一个铁饭碗端着，有一份固定的薪水养家糊口。这样，就为学校管理和教学带来了挑战。说白了，推门听课的背后是不相信某些教师的教学水平和工作态度，加上片面追求分数，校方是不得已而为之。

同去的校长问台湾的同行：“你们如何解决教师的职业倦怠问题？”他们感到很吃惊：“职业倦怠，不就是不愿意做教师了？那还不好办，改做别的职业不就行了吗？”

而在大陆的中小学里，这还真是一个严重的问题！

三

老师要拯救自己的孩子

做了这么多年校长，我发现了一个有趣的现象：人家的孩子越教越优秀，而很多老师自己的孩子则越教越失败，特别是到高考的时候。

我经常看到这些现象：人家的孩子都是自己背着书包上学，而有些老师则是手牵手领着自己的孩子上学；人家的孩子都穿得比较少，而有些老师的孩子则穿得厚厚的；人家的孩子分到哪个班就在哪个班上学，而有些老师则想方设法为孩子选班、挑老师；人家的孩子统一吃食堂，给多少吃多少，而有些老师则带着自己的孩子吃饭，食堂师傅给少了，老师还不高兴；人家的孩子表现好才能评上先进，而有些老师的孩子通过关系就能当上先进；人家的孩子都是自己完成作业，而有些老师则是辅导自己的孩子做作业……

"近水楼台先得月"，按说，老师的孩子应该越来越优秀才对。为什么会出现这种反常现象？

首先，老师的孩子得到了老师们更多的关照，他们的优越感导致他们的情感发育出现了问题。在小学可以依赖父母，到了初中也能依赖吗？到了高中呢？到了大学呢？到了社会上呢？情感决定行为，行为决定学业。老师的孩子一般不笨，往往是我们利用便利条件毁了自己的孩子。

其次，老师往往把自己的职业特点带回家中，对孩子动不动就是"教育"。苏霍姆林斯基告诉我们，藏起来的教育是最好的教育。做老师做习惯了，在家里一开口也是"教育"。孩子早已看穿了那套把戏，不听了，逆反了，抵抗了，于是教育就失败了！

老师自己的孩子都不优秀，家长会怎么想？他们会想："你自己的孩子都教育不好，还能教育好我的孩子？"

我建议，做老师的一定不要对自己的孩子特殊照顾，让他形成优越感，特别是不要把学校里的那套教育模式带回家中，一定要放手，让孩子自由地生长！

放寒假前我提出，利用学校的骨干教师和外教免费为老师们的孩子举办一些小班。我询问了上初中的孩子，他们高兴地说："老师给我们梳理梳理了数学，真清晰！"我问一个男孩："不如回家放鞭炮好玩吧？"他说："不，很有趣，听课比放鞭炮好玩！"

学校除了给老师提高点儿福利，还能有什么好东西给老师呢？我想，帮老师把他们的孩子培养好，这就是给他们的最大的福利了！

关注教师的生命状态

开学后，学校有 7 位教师陆续请病假，有的住院，有的在家休养⋯⋯课程发展部又开始告急：所有人都已排满课，再有请假的，部分班级只能停课！

这已经成为小学的"通病"。开学后两周，陆陆续续会有教师请病假；而放假后两周，一般会有 60% 的教师病休在家或住院。这就是我们小学教师的健康状态。

在各个职业中，小学教师是"毛病"最多的职业之一。而根据我的经验，北京又是"重灾区"。与校长们聊天，我发现几乎每所学校都面临着因病号多而导致教师数量严重不足的问题。究其原因，我想大约有这样几个。

一是社会压力大。教师既要按照上级部门的要求去做，又要满足家长、社会越来越高的要求；既要保证教学质量，又要确保不出安全事故。

社会和家长根本不了解教育实情，过多的批评、指责和举报，让教师天天如履薄冰，胆战心惊。美国一位教育家曾说：“我确信那些学校教育的批评家，在他们横加指责的那些学校和课堂里肯定连一个星期也待不下去。”是啊，不用说一周，就请我们的领导、专家、媒体朋友和家长们，到教室里与四五十个“小豆包”们生活上一天看看！

二是工作压力大。小学教师面对的是未成年人，既要带好班，又要保证教学质量，管理和教学难度很大。教师早上 7 点来到学校，一直工作到下午 6 点，连中午吃饭都与孩子们在一起，可以说一点儿都不得空闲，没有休息时间。备课、上课、带操、巡视、辅导、看班、开班会、参加教研和培训、考试……成年累月，年复一年。幸亏每年有两个假期，否则谁也坚持不了一辈子！

然而，我们是教育工作者，如果我们整天病恹恹地、愁眉苦脸地面对我们的孩子，我敢说，这样的教育不是幸福教育！

其实，健康和教育是一样的，也需要用心去经营。

今天是开学第二周的学校公共活动时间——“校长有约”，我们专门邀请了保健专家为全体教师上了一堂保健课。一个多小时的课，大家都仔细聆听，但愿这堂课能成为老师们提高生命质量行动的号角。课后，学校使用校长奖励基金为每位教师配发了一盒点心，让老师们及时补充营养，保证工作效率。

只有关注教师的生命状态，才能为孩子们打造出优质教育。

三

聆听每一位老师的声音

我刚到学校的时候，碰到一位特别爱唠叨的老师，她动辄对学校各部门的工作品头论足。有人告诉我："这位老师就是爱抱怨、爱发牢骚，好像谁都不如她！"

一段时间里，确实是这样的：总有一些事情、一些工作，让她不断地抱怨。六一儿童节时，为了统一搞活动，工会要给每一位老师配一件上衣。因为款式问题，大家争论不休，其中她的声音最尖锐、最刺耳，她的批评最激烈，为此她还专门找我。

她是一个毛病多的人——大家都这样认为，于是，我也这样认为。

然而有一天，我到她的班级听另一位老师的课（借班上课），这改变了我对她的看法。

一般的教室里孩子们的书包乱七八糟的，放在哪儿的都有，而她的教室里则井井有条。她将一些空闲的课桌齐齐地摆成一排，让孩子们将书包整整齐齐地码在上面。读书角、教室后面的板报、展示的孩子们的硬笔书法作品、激励孩子们的评价本等，无不整整齐齐，干干净净。

在上课老师两次走下讲台与孩子互动的时候，也在一旁听课的这位老师，忽地跑到讲台上，一次是扫地，一次是拖地。下课后，我对全班孩子说："你们真幸福！你们遇到了一位高标准、严要求的好老师！用掌声感谢她！"

后来我想，这位老师的要求、眼光太高了，我们管理干部所做的事情没有让她看上眼。因为不佩服、不赞赏、不苟同，所以她爱唠叨，爱抱怨。这就在情理之中了。

不要轻易相信别人的话。我们要从每一位老师的声音中，聆听花开的声音！

三
找到教师职业发展的基点

前段时间，大家都在看《第 56 号教室的奇迹——让孩子变成爱学习的天使》，我也详细阅读了雷夫老师的故事。其实，雷夫老师做着和我们一样的事。但是，中国教师和美国教师做事的结果不一样。

我们知道，美国教师和中国教师选择教师职业的背景是不一样的。很多美国教师是因为爱孩子而喜欢教师这个职业，而很多中国教师是因为可以拿一份有保障的工资而选择做教师。爱孩子、喜欢教育，是做好教师的重要前提。即使是博士毕业，如果心里没有孩子，心底不爱孩子，也成不了好教师。从某种意义上说，好教师与专业背景没有关系。雷夫老师做了一辈子教师，现在都有孙子了，仍热情高涨地工作着；而中国的教师，我敢说，很多人一过 40 岁，就开始职业倦怠而想着提前退休了。

所以，我经常思考：中国教师职业发展的基点在哪儿？

我想起 16 年前还在教育行政部门工作时，一次陪着出席一位特级教师的退休仪式。一个台子上，堆着这位特级教师两摞高高的、整整齐齐的备课本。从大学毕业一直写到退休，他写了 36 年，总共写了 80 本教案。随便翻开一本，都是写得整整齐齐、认认真真、扎扎实实。不用多说，这样的教师让在场的所有人都从心底里服气。在老领导的率领下，我们一齐向这位特级教师致敬。

优秀教师自有优秀教师成长的规律。这个规律就像种地，需要从播种开始，浇水、施肥、锄草，一步一步走到收获的季节，我们才能有收成。优秀教师的成长规律告诉我们，教师职业发展的基点，是备课，是写教案——这是较好地完成教学任务的起点。

自从有了电脑，有了电子文档，有了教研室编辑的教参，有了现成的教案，许多教师便不再备课、写教案，而是拿着现成的、所谓“复备”

的教案就上课堂。教学目标不清楚，教学的重点、难点不清楚，教学流程不清楚，教学效果如何检测不清楚，我们能有好的收成吗？

教师职业有其特点和规律性，教师需要不断地发展自己，才能适应时代的需要。

要做一个好教师，不误人子弟，就从一笔一笔认真写教案开始吧！没有捷径可走！

别人的表扬比校长的更有力量

在本周二下午“校长有约”的时间里，我读了两位来我们学校学习的外地老师表扬我们的文章。其中一位老师写道：

> 还记得初到玉泉的那个早晨，孩子们陆续走进校园，一边问好，一边向校长、老师行礼，那满脸的敬意和快乐顿时感染了我。看着孩子们幸福的笑脸，我开始了好心情的一天。
>
> 踏进校园，不时地遇到玉泉的老师，有的微笑着向我们示意，有的还温柔地道一声：“您好！”我的心里暖暖的，也情不自禁地对遇到的每一个人都微笑起来。“生活在什么样的环境里，就会有什么样的心态。”的确，生活在阳光与幸福弥漫的玉泉校园里，怎能不油然而生出一种幸福之感呢？
>
> 来到玉泉的餐厅，我拿出杯子准备接开水，旁边一位女老师走到我身旁，轻声说：“这是开水，小心烫着。教学楼里有温水，你可以到那边去接，安全点儿。”一开始，我并没弄清这是什么意思，水还分那么多种吗？细心的她仿佛看出了我的困惑，又微笑着说了一

遍，还加上一句："我从来不敢接这里的开水，很危险的。"哦，原来是这样！我恍然大悟，感激地说："谢谢您！"那位老师甜甜一笑："不客气！"然后就飘然而去了。只留下我沉浸在那甜甜的笑颜中，心里不住地感叹："微笑的您，真美呀！"

当我读到"就飘然而去了"时，老师们发出了轻轻的、会心的、美美的笑声。我扫了会场一眼，满眼都是一张张笑容灿烂的、幸福的面容。是的，这是外地的一位普通老师在表扬我们，因为我们玉泉小学的老师很优秀，很优雅，行为举止很得体。

这些外地老师要离开玉泉小学的那个下午，我倾听了他们在玉泉小学学习的感受，并提出，希望他们回去后，把在玉泉小学遇到和发现的好人好事写出来。果然，我看到了那些留在他们记忆里的美好的人物和事情。

我想，外地来学习的老师表扬我们的老师，会让我们的老师感觉更加幸福，这比校长的表扬更有力量！

三

一起上路

2011 年 7 月 11 日，我们通过了《北京玉泉小学发展纲要》。9 月 1 日开学后，我们踏上了新的征程。

按照《北京玉泉小学发展纲要》的设计，新的学年，我们的管理体制变了，我们的运行机制变了，我们的行事方式变了，我们的课程设置变了，我们的教学模式变了……还有，我们的校门变了，我们的校园文化变了，我们的教室环境变了，我们的教材体系变了……

更重要的是，我们的老师变了。他们变得特别敬业、特别认真、特别关爱孩子、特别积极参与课程重建、特别热衷于课堂教学改革。孩子们也变了，长头发的没有了，穿金戴银的没有了，邋里邋遢的少了，有好习惯的多了……

开学伊始，校园里十分有序，大家该做什么就做什么，该怎样做就怎样做。这是我们办学的本分哪。

当船远航的时候，虽然目标已经锁定，但要到达彼岸，穿越茫茫的海洋，一定会遇到风浪、暗流，甚至可能会遇到海啸。这些，都是必须经历的，必须面对的。要想克服这些困难，就需要船长具有钢铁一般的意志，具有不可动摇的决心；同时还需要每一位水手坚定决心，需要全体船员团结一致、相互配合、共同前行。

开弓没有回头箭，我们一起上路远行！

三
一“校”菊香

禅师在院子里种了一棵菊花，第三年的秋天，院子成了菊花园，菊花的香味一直飘到了山下的村子里。一天，有人向禅师要几棵菊花种到自家的院子里，禅师答应了。他亲自动手挑选开得最好、枝叶最粗的几棵，送到了别人家。消息很快传开了，前来要花的人接连不断。不几日，院子里的菊花就被送得一干二净。

没有了菊花，院子里就像没有了阳光一样寂寞。秋日里的一个黄昏，弟子们看到满院的凄凉，说道：“真可惜！这里本是满院芬芳的呀！”禅师笑着对弟子们说：“你们想想，这样岂不是更好？三年以后就会一村菊香！”

这个故事使我想到了今天的社会现实——人们变得越来越自私、越来越顾自己，都把“菊花”养在自己家里而不愿意拿出来分享。

社会问题必然会影响到校园。我经常见到这样的现象：孩子们因为一点儿小事互不相让，家长也被牵扯进来，甚至互相谩骂、大打出手。在这样一个独生子女的时代，“孔融让梨”的故事一去不复返了！

然而，一个人如果没有宽容、合作、分享、感恩的品行和心态，就很难成就一番事业，也不会为国家和民族做出什么贡献。

作为社会道德的高地之一，教师群体如果也嫉妒、猜疑、不包容、不感恩、只顾自己，那么我们这个社会便真的没有希望了！

我多么希望老师们能像禅师一样，把我们的“菊花”送给每个同事、每个孩子、每个家庭，让我们收获高尚的品行！

送人几朵“菊花”，留有一“校”菊香。这是多么高雅的境界！

三

送你一束玫瑰花

今天是寒假后老师们返校上班的日子。在开会之前，我送给每位老师一束火红的玫瑰花，祝福又长了一岁的同事们。

我说：“2 月 14 日是情人节，今天是 2 月 9 日，我提前送给大家一束玫瑰花，愿你们漂亮、美丽、潇洒、帅气、青春、健康……我们现在一只手拿着红玫瑰，一只手拿着本学期的‘工作要点’，开始上路了。”大家笑了。

其实，一束玫瑰花并不值钱，但真切地表达了我对同事们的真诚祝福和良好祝愿。从 2011 年 3 月我到玉泉小学任职，眼看快一年了，感触颇多。不到一年的时间里，我认识和熟悉了那么多好同事，受到了那么多人的鼓励、支持和帮助，接受了玉泉传统文化的熏陶。这对我的人生而言，是一笔丰厚的财富。我收获了我的幸福。你想，一年时间里突然拥有了 120 个首都的好同事，你能不发感慨吗？

人的能力有高低，人的脾气、性格有差异，但玉泉小学这支教师队伍，敬业、肯干、勤奋、努力，人人都想做得更好，事事都想争取第一。只不过我们在思考方式、工作思路、方法路径、操作技巧等方面还有许多不足的地方、需要改进的地方。上午，我讲解了一个多小时的工作要点，具体说明了我们这个学期干什么、为什么干这些，以及怎样完成这些，就是希望大家能更加智慧地、聪明地思考问题，开展工作，建设幸福校园，在劳动中享受职业的幸福。接下来的三天，还有教育教学方面的具体培训和研究，让我们利用假期为孩子们预设好五彩斑斓的校园生活！

我看到，直到下午的“学校制度契约手册”培训结束时，许多老师还拿着那束红玫瑰，不舍得丢弃。在这 –15℃的冬季里，火红的玫瑰花显得十分艳丽，像一颗颗火热的心。

幸福的“家”

2011 年 3 月，我刚到玉泉小学工作的第二天，中午在学校餐厅吃饭时挨着一位不认识的老教师，她直言不讳地对我说：“您这么优秀的校长来这个地方干什么？不是浪费了吗？”我不知道如何回答，只能笑笑。

我知道，此刻，老师们心中的春天并没有随着春暖花开而苏醒。

8 个月过去了，经过了夏天，走过了秋天。昨天，我收到那位老教师发来的一篇文章：“校长：您好！我写了一篇小短文给您发过去，目的是想让您知道发生在我们身边的零星小事。我们级部太好了，老师们都很踏实，都积极进取。不管是年纪大的老师还是年轻的老师，似乎都焕发出了一种激情。我在退休前能看到这种面貌真是太高兴了。”我知道，春天已经走进了她的内心。

她详细地描写了他们幸福的“家”。

我的这个“家”是二年级级部。这个“家”里有17位成员，其中有学校年龄最长的老师，也有年纪较轻的老师，我们在两位主任的领导下团结、进取、和谐地送走了今天，盼望着明天。

团结。这个学期大家都在超负荷地工作。原本学校照顾陆老师，让他少上几节课，没想到我们级部人手不够，缺少一名午间巡视的老师，陆老师便主动承担起了午间巡视的任务。史老师、谢老师为了让学生在午间能休息好，午饭时间一直待在教室里值班，直到午饭结束。“磨课”的时候，不管是同学科的还是其他学科的老师，只要有需要，大家都会放下自己的事帮助他人。

进取。我们的理念是：我们的工作不只是为了取悦他人，更要取悦自己。因此，我们平时工作时多从细微之处入手。例如，午饭时，为了不让学生拥挤，年级统一前门出、后门进；巡视的老师每次都要对各班午休的情况进行总结；级部统一培训小干部，让他们课间检查、巡视，督促学生形成良好的行为习惯。像这样的小事还有很多很多。杨老师没有助理班主任，班级里所有的事情都是她一个人负责，她还要统筹级部的工作，但她没说半句怨言，没叫一声累，样样都率先垂范。“磨课”的时候，别说年轻的老师啦，就连韩老师、王老师都对自己到了近乎苛刻的地步。教案一遍一遍地修改，再一遍一遍地试讲，不放过任何一个细节，哪怕是一个词语。周三杨老师、王老师得知抽到了课，又进一步审视教案，很晚才回家；课后她们还反思课上有哪些不足之处。

和谐。我们级部的事就是大家的事，它们不是为哪个人干的，所以每位成员都积极地参与进来。

督导工作结束了，我们级部进行了一次联欢活动。家常饭菜我们却吃得那样香甜，普通啤酒我们喝着却是那样甘醇。大家互相敬酒，道一声“辛苦了”，往日的劳累乃至误解都被这暖暖的真诚化解掉了。举杯再举杯，勉励再勉励，虽然酒喝得不多，但我们都已有醉意，因为这浓浓的情意令我们陶醉！饭后我们又去唱歌，会唱的、不会唱的，唱得好的、唱得跑调的，都是那样尽兴。

是啊，我们生活在幸福的大家庭里，还有什么放不开的？明天还有更多工作，今天为什么不彻底释放自己呢？

这就是我们的“家”——一位即将退休的老教师心中幸福的“家”。

Ⅳ

是『学』校，还是『教』校

三

是“学”校，还是“教”校

我曾听过许多名师的课，也参加过许多学科带头人、特级教师的评选。所谓评课标准，就是看老师如何教：表情、声音、语言、肢体语言如何，课堂驾驭能力如何，多媒体的使用情况，对教材的理解和把握水平，师生互动的效果……

当然，这些课是上给评委、领导和老师们看的，也是一种学术引领或导向，本无可厚非，但问题是，老师们看了会迷失教学方向，丢掉课堂的本分，忘记课堂是为了谁、干什么的。于是，我们把“学”校变成了“教”校。

把“学”校变成“教”校，就是忘记了学生是来学习的，学生是学习的主体，课堂是学生学习的地方，是学生自我建构、成长的舞台。现在，老师独霸课堂，不给学生学习的机会，不给学生燃烧思维的空间，不给学生相互合作的平台，学生怎么发展？苏霍姆林斯基曾经建议，一堂课 40 分钟，老师的教最好不超过 15 分钟。可是，我们的课堂从头到尾都充满老师的声音！

建构主义理论认为，学习是一个人主观和客观交互的过程。所以，学习是学生自己的事情，发展也是学生自己的事情。我们只是提供一个平台，让学生走得更好而已。

一堂好课，应该是平实的、舒缓的，应该给予学生足够的学习、思考甚至创造的时空。老师表演得再好，而学生并没有发展，这样的课又有什么意义？

我们学校把评课标准修正为以下几条。

1. 这堂课的教学目标是什么？（一定要切实可行，一定要能够

落实，切勿好高骛远，既要落实课程标准，又要结合学生实际）

2. 学生学得怎么样？（不再看老师教得怎么样，而是看学生如何动手、动笔，如何动脑思考，如何合作、研究，等等）

3. 老师如何检测是否落实了预设的教学目标？（可以是过程检测，也可以是最后检测）

我们希望各级教育部门的评课标准也要改变，因为在一定程度上正是评选名师的标准，把我们的“学”校变成了“教”校！

教无定法

长大后不是土匪，就是流氓

今天在路上，我读了华南师范大学刘良华先生的教育故事，其中提到他的成长之路。他不是出自书香门第，在儿童时期也没有远大志向，仅仅是因为爷爷说顽皮的他“将来长大了不是土匪就是流氓”，他为了改变爷爷的看法，发奋努力，竟有所成。

所谓教无定法，是指我们面对的孩子都是活生生的个体，个性千差万别，不能只用一种方法。在每一个独特的个体面前，所谓教育规律往往是苍白无力的，独特的成长路径比比皆是，不要迷信经验。

口　琴

中央电视台《艺术人生》节目有一期谈到了中国著名作曲家吕远先

生的成长经历。

吕远先生七八岁的时候，家里来了爸爸的一位朋友，他给三个孩子带来了三只口琴。吕远先生从玩口琴开始，对乐器发生了浓厚的兴趣，走上了音乐创作的道路，成为一代大家。他创作的《我们的生活充满阳光》等优美歌曲，至今传唱不衰。

如今，许多家长妄想培养一个音乐家，下狠功夫逼着孩子天天练琴。结果呢，并没有培养出音乐家来。

很多人的成长都是“无心插柳柳成荫”的，所以，教无定法。

我坚信，在人的成长过程中，童年时期的关键事件可能会起决定作用。

三
当评委的一点感想

市里要建设高中校长人才储备库，邀请我去做评委。

有很多高中副校长站在我们评委面前，看上去他们个个年轻有为、风华正茂，但让他们回答最基本的学校教育问题，他们却吞吞吐吐、答非所问——不会破题，不会演绎，不会运用证据来证明自己的观点，不会推导结论。他们的演讲能力真让我着急！

准备做高中校长的人，一定经过了多年的学习、教学、管理的历练，为什么不能自由地表达自己的观点呢？

这让我想到了小学的语文教学。

新中国成立以来，我们的语文教学基本上是低效的。

语文，我们的母语，学了是用来听、说、读、写的，是用来表达思想和观点的，是用来阅读并提取有用的知识的。可是，学生小学六年、初中三年、高中三年，仍没有完成语文学习的基本任务。不得已，大学还要开设写作课。然而，再学四年，又会怎样？工作以后大多数人一写东西就头痛。没有办法，好多政府部门、事业单位专门招聘或选调会写东西的人为领导写材料。

这几年我接触过一些普通美国人，他们都善于演讲和写作。我很好奇，所以专门观摩了他们的小学语文教学。加利福尼亚州一所小学的一节课，让我印象特别深刻。老师与学生读完一篇文章后，首先说出自己的一个观点，并用文章中的一段文字证明这个观点，然后延伸到生活中，提取生活中的事例（可以是自己的生活经历，可以是读书所得，可以是电视、电影里的故事）再次证明这个观点。接下来，要求学生分组，每个人提取一个观点，使用文章中和文章外的证据来佐证自己的观点，推导出结论。我想，他们不断地进行这样的训练，又怎能不善演讲，怎能不会写文章？

而我们的语文教学，已经形成一个模式。一篇课文，老师反反复复地讲啊讲啊，领着学生读哇读哇，逼着学生写呀写呀……几十年不变！

我建议我们学校一位优秀的语文老师，尝试从三年级开始进行一项改革：领着学生提取观点，使用证据，推倒课内、课外那堵墙，让学生真正学以致用。她说："不行吧。不能光写论文吧？还有记叙文哪，还要考试啊！"

我说："人到了社会上，用得最多的不是记叙文哪。如果我们的语文教学只盯着考试，那么，它可能就永远都是失败的！"

三

有效教学的起点

今天上午，学校召开了本学期的教学工作会议。课程发展部对上学期期末考试进行了分析，提出了诊断意见和改进措施。我想，诊断是改进工作的基础。

我以“聚焦课堂：转方式，调结构——谈改进我们的教学”为题，向老师们做了报告。报告大致分为三个部分。

第一部分，批判传统课堂。凯洛夫教育思想的幽灵，至今仍在中国学校的上空游荡，加上儒家文化中师道尊严思想的影响，今天我们的课堂仍是教师独霸的课堂、学生痛苦的课堂和低效的课堂。

第二部分，改进我们的课堂。英文中的“classroom”不能译为“教室”，这个单词的意思是“一个组织的空间”，组织的主体是学生，所以，翻译为“学习室”更贴切。既然教室是学生学习的地方，我们就要把学习的权利、时空还给学生，所以我们的课堂必须是学生的课堂，而不能是教师独霸的课堂。孔子曾说过：“知之者不如好之者，好之者不如乐之者。”课堂教学只有让学生把丰富知识、增长才干当作一种幸福的体验，才能在师生、生生幸福与快乐的互动中，不断推动教育教学的良性发展。所以，我们的课堂还应该是幸福的课堂。让学生动手、动眼、动嘴、动脑、合作的学习方式效率才高，所以，应该运用“同伴学习、自主动脑、互助发展、共同成长”的“幸福课”范式打造我们的有效课堂。

第三部分，明确学校的教学政策。除了课程与教学的组织保证、领导力等问题外，在课程体系建立后，重要的是制定扎实的教学常规，并进行以整合为特征的课堂教学改革。

我提出了一个观点：学生的课堂、幸福的课堂、有效的课堂，要以学习者为中心，从备课（我们学校采用的是校本学习资源+教学案）开始。而有效的备课，则从确立教学目标开始。所以，学生的课堂、幸福的课堂、有效的课堂的起点，在于学习目标的设计、运行以及评价。

从第二周开始，我们将对“学习目标的设计、运行以及评价”进行专题研究，形式是推进“周研究课”——观课、说课、议课、竞课，引领全体教师改变教学方式，调整课堂结构，追求“教得轻松、学得轻松”的课堂教学。

海淀区督导室的张督学参加了会议，给了我们很多肯定和鼓励。其实，学校的问题本质上就是教师的教与学生的学。而校长的任务，就是把老师们带向一条正确的教与学的道路，然后尽力提供资源支持他们沿着这样一条道路坚定地走下去。

三 教学过程也是检测过程

周一我与20位语文老师到山东省潍坊市听了一节四年级的语文课。这是一节整体识字课。授课老师整合了一个单元课文中的生字，进行集中识字。

教学环节大致如下。

第一步：先让学生读完三篇课文，然后标出生字，并书空练习写字。

第二步：学生把生字写到方格本上，然后同桌相互批阅，找出写错的字，然后学生自己改错。

第三步：老师读生字，学生听写。听写完毕，同桌相互批阅。我前面的一个男生、一个女生很快相互批阅完毕，男生错了两个字，女生错了一个字。女生错的是“抱负”的“抱”，写成了“报”。男生批阅时不敢确定，查阅课文后毫不犹豫地打了叉。

第四步：老师检测全班情况。以四人小组为单位，组长列出每位同学写错的字，然后贴到黑板上。全写对和写错一个字的学生大约占40%，完成识字任务的可自由阅读课外书。

第五步：老师让没有完成识字任务的60%的学生书空自己写错的那些字。训练几次后，让学生再次听写写错的字。

第六步：同桌再次互相批阅。

…………

这是一节非常平实的课。通过这节课，把一个单元的生字全部解决了。授课老师告诉我们，她所呈现的课堂情况，就是学生学习的真实情况，没有提前准备什么。我们看完这节课，真真切切地知道，这30个生字学生全部会写并且能写正确。

这是一个有60个学生的班级，显然控制课堂、组织教学的难度很大。但整个课堂的推进都伴随着评价机制，学生全部积极参与，学得扎扎实实，没有落下一个。显然，授课老师圆满地完成了教学任务。

为什么能有这样的效果？因为这位老师一边教学，一边检测，教学的过程也是检测的过程。

而我们，往往以中等水平的学生能接受为标准推进教学，一节课讲完了，还有多少学生不会、不懂，就只有天知道了。于是，没有办法，只能通过布置大量作业来弥补。

一位老师不会检测，也就不会教学，因为他不知道学生的学习程度。

三

课堂要“润物细无声”

在台北市信义区兴雅小学，我听了一节五年级的英语阅读课。因为文化背景不同、课时量不足和教学密度不够等问题，大陆和台湾面临着同一个问题：英语课堂不像语文、数学课堂那样流畅。因为英语听力和口语是孩子们的拦路虎，所以这节课进展得很慢很慢。我们在一边为此而着急，而授课老师并没有着急，她心态平和，淡定从容，由着孩子们的进度，慢慢地走，慢慢地走。在与校方交流的时候，我特别赞美了这位老师。

而我们的学校和老师则有些急着赶进度，急着复习，急着考试，急着发脾气。我们常说，教学的过程也是检测的过程。如果着急了，就会匆匆走过，根本不去检测。所以我们不清楚孩子们是不是真的学会了，或者还有多少孩子没有学会。然而，铃声响了，下课时间到了。而下一节课，又是新授课了。

考虑到孩子们的认知水平，我们应该允许他们有一个慢慢发展和成长的过程。但我们却恨不得立即把三年级的小学生培养得像大人一样去思考和行事，能够写文章、表达、计算等。其实，那是不现实的。

课堂，应该是“润物细无声”的。

等我们到了台北市西松高中看了另一节英语课时发现，孩子们到了什么年龄，就会做出什么样的事情。这是一节课本剧表演课，表演的是《傲慢与偏见》中的几个场景。一位女同学抽签抽到和一位男同学搭档，二人当场表演了求婚、结婚的过程，全部是英语演出，全班同学发出阵阵笑声和喊声。你看，小学五年级的英语孩子们学起来还是那样艰难，而到了高一他们的英语就已经如此流畅，不仅仅是因为他们长大了，而且他们的认知和道德也建构与发展起来了。

你要欣赏夕阳的晚照，就要慢慢等待太阳落山；你要品赏美酒，就要慢慢等待葡萄发酵；而你要一个社会的栋梁，就要慢慢等待孩子长大！

三

“听、说、读、写”辨析

经常听到专家、学者在会议上说，语文教学无非就是“听、说、读、写”。于是，我们的语文老师嘴上也经常挂着这样一句话。

《义务教育语文课程标准（2011 年版）》里没有“听、说、读、写”的提法，里面提出的教学目标是“识字写字能力、阅读能力、写作能力、口语交际能力”。

“听、说、读、写”是什么意思？一般人的理解是：听，指学会倾听，实际教学情况则是，课堂教学中并没有专门的倾听教学和训练；说，指口语交际，好理解；读，就是阅读，包括课内和课外阅读；写，就是写文章——作文教学是也。

中华书局 1934 年出版的教育家盛朗西先生所著《小学课程沿革》中，列出了 1932 年民国时期的《小学课程标准国语》，其中提到说话、读书、作文、写字四个教学目标。

民国时期的教学目标与今天的不大一样，那时把写字当作一件大事来做。

我在山东省潍坊市北海双语学校时，发现初中孩子的字普遍写得不好，建议老师们到小学部李虹霞老师的班级里看看她是如何教孩子们写字的。

如果我们教出来的孩子连字都写不好，不论教学的人文性和工具性如何融合，总是一种缺憾。写字，端端正正地写字，不仅是一种功夫，也是一种道德！

我们需要平心静气地回到 1932 年的《小学课程标准国语》中的教学目标上去。

让语文更像语文

今天我们观课，有时很难区分语文课和思想品德课究竟有什么不同。我想，我们把语文课上成思想品德课，就是一个问题，因为这两门学科的本质属性是不一样的。

上周听了我校顾老师的一堂语文课《平分生命》，一直未得空评课。今天下午，我邀请我的朋友、课程专家张斌博士为全体教师讲“如何设计教学目标”，散会后抓了个机会与三年级的语文老师一起议课。

我提出了一个观点：因为北师大版的教材是按照人文主题编纂的，所以老师们很容易忽视语文的工具性而强化人文性，不经意间就会把语文课上成思想品德课或科学课。我建议接下来再上《平分生命》这一课的闫老师和李老师对教学目标进行修订，明确工具性目标。譬如，把文章的精妙部分——动词的学习和运用作为学习重点，因为三年级是习作的起始年级，教会学生赏析语言、运用语言，是基础和重点。

《义务教育语文课程标准（2011 年版）》要求培养学生的语文素养。什么是语文素养？简单地说，就是听、说、读、写。再简单一些，就是阅读理解能力和写作表达能力。所以，老师应该在语文课程标准的指导下整体把握教材，开展大概念、大单元、任务群教学，在一个单元中突出一项语文工具性主题，在一篇课文中突出一个学习重点，点线相连，春风化雨，润物无声，假以时日，学生的语文基本素养就会形成。切忌每讲一篇课文，都要培养什么情感、什么价值观，面面俱到和高、大、上很难培养学生的语文素养，更难让学生学会举一反三。

语文，一定要更像语文！

三

数学是“想”的课程

上周学校数学学术委员会安排 L 老师和 G 老师连续上了两节关于图形模块的课，其中 L 老师上的是低年级的常态课，教学目标很清晰，教学过程很扎实；G 老师上的是高年级的整合课，他对上下关联的知识模块进行贯通教学，层层推进，教学效果也很好。

我们请了区里的数学教研员、区教研室主任进行点评和把脉。我刚来玉泉小学时，见识过主任对数学课的分析和点评，被她那种跳跃式的、直击数学本质的有效点评所折服。这次，她依然采取了归纳、总结和对课堂有效环节进行分析的方式。在点评中，她再三强调，在数学课堂上，必须让学生去“想”。

其实，《义务教育数学课程标准（2011 年版）》的要求很清楚——推动学生思维的发展是数学教学的本质，但我们往往关注细枝末节而放弃了最为重要的东西。我们只有在一节一节的数学课上不断地制造让学生“想”的事件，才能让学生变得越来越有智慧。即使是我们十分关注的考试，也有相当一部分是为了检测学生解决问题的能力——思维的深度和广度。

人虽然长了会思考的大脑，但并不非常愿意思考。人们在具有经验后，往往是靠经验生活的。譬如，我们从单位驾车回家，几乎不用“想”如何走，而是直接开车回家；而你要驾车到一个陌生的地方时，就要“想”如何到达了。

用脑科学的理论来解释这一点，就是当现场信息和大脑中的事实性信息相对应的时候，我们往往就不会去“想”，譬如从单位驾车回家；如果要去一个从没有去过的地方，现场信息与大脑中的事实性信息不对应，就必须“想”——查地图、询问他人等。

在课堂上应如何让学生去“想”呢？我们在设计教学的时候，必须改变现场信息，让它无法与大脑中的事实性信息相对应。

我多次讲过，在小学阶段，数学太重要了，学不好会影响中学、大学乃至一生的学习。因为数学是一门“想”的课程，而不是背诵的课程。

三

艺术课要慢下来

前几天听了一节美术课。W 老师的课堂教学设计得很好。先是一个步骤一个步骤地示范，完成了一件手工作品，然后要求学生分组合作，共同完成一件手工作品。学生以组为单位，组内进行合理分工、合作，然后各个学习小组开始忙碌起来。

因为在课堂的导入部分 W 老师使用了双语教学，占用了一些时间。新授内容示范完后，还剩下大约 20 分钟。

这时，在老师的要求下，剪的、贴的、画的、合成的，各个小组的学生紧张地工作着。W 老师开始巡视、指导，不时地掌控时间，并通过奖励以提高各组的制作速度。显然，W 老师认为必须完成这堂课的教学内容。我巡视的时候，看到学生们十分紧张、十分忙碌，没有思考和碰撞的时间与机会。

终于，第一个小组将作品挂到了展示墙上。W 老师立马表扬，并催促其他小组尽快完成。第二个小组也将作品挂到了展示墙上，这时，下课铃响了，这节课结束了。

这是一节效率很高的课，通过老师示范、指导，学生自主动手、合作完成作品，达成了教学目标。

但我的感觉是：这节课上得太快了，虽然达成了教学目标，完成了教学任务，但是压缩了学生想象的空间，消减了学生深度思考的时间，缩短了学生自由创造的过程。

我曾经在美国的一所小学观摩过美术课，他们请来的美术老师——两个画家家长，几乎用了半个上午的时间，引导学生们如何欣赏一幅油画。

艺术课，要慢下来，因为艺术是一个将想象的野马放纵到千里之外的过程，是一个自由地、慢慢地思考的过程。没有时间和空间，没有自由与散漫，就没有艺术。

目前，学校的规矩就摆在那儿：课程确定了，教学内容确定了，课时确定了——40 分钟一节课，这样能够进行艺术教育吗？这样的艺术课，往往是粗糙的、肤浅的、蜻蜓点水式的，艺术素养很难落实。

我强烈建议课程设计者们将艺术课“合”起来上——艺术课的关键不在于学生是否学得多，而在于学生的艺术素养能否形成。

三

“磨课”的价值

本来秋季就容易上火，加上北京气候干燥，更容易造成虚火上行。开学以来，工作繁杂忙碌，生活节奏加快，我的牙龈多次发炎，实在影响生活质量。昨天下午放学后，我抽出一点儿时间，跑到航天中心医院看牙。

正在等候时，突然听到有人喊“校长”，一看是我们学校的 L 老师。原来，他也约了医生看牙。同病相怜，我们就说起了牙痛。他说：“医生说，都是熬夜惹的祸。我这几天为了‘磨课’，天天备课到半夜，熬夜熬出了火，火攻到了牙。”

L 老师所说的“磨课”，是秋季开学以来我们学校大力开展的一个教学项目。近两个月来，全校各科老师都沉浸在“磨课”状态中，“磨”得有点儿“晕头转向”，连续几周，每周都病倒几位老师。更多老师则是咬紧牙关，坚持不懈，像这位牙痛的 L 老师。

所谓“磨课”，就是运用两个半月的时间精心准备，每位老师上出一堂精品课。第一轮，在老师个人备课的基础上，以教研室为单位进行研究和讨论，确定上课思路。老师上课，其他老师观课并提出意见和建议，上课老师修改教案，准备再上课。第二轮，以学术委员会为主导，请教学专家进课堂，通过听课、评课，进行更高层次的指导。上课老师根据专家的意见修改教案，再试讲，准备再上课。第三轮，进入验课阶段，学校组织专家、骨干教师、管理干部走进课堂，听每一位老师的课，给出评价，指出发展方向。

为什么要“磨课”？

学校的主阵地在课堂，孩子的发展在课堂，教师的成长也在课堂。课堂，是教育之花生长的土壤；课堂，是教师职业发展的根本。没有高效、幸福、成长的课堂，学校就会失去基石，教师就会丧失根本，孩子就不能全面地发展。

教师的职业发展到一定程度，往往会“停滞”。而要打破这个局面，就要突破一点儿，拔高一点儿。根据我的观察，优秀教师都是这样发展起来的。“磨课”，就是为了让每一位老师通过反复“磨”一节课，领悟些什么，感受些什么，进而推进量变到质变，实现“突变”，打破目前的瓶颈，走向更高的层面。

没有教师的发展，就没有高效的课堂，也就没有教学质量的提高。没有较高的教学质量，学校就会失去办学的根基。

这就是“磨课”的价值。

三

是“快餐”，还是“营养餐”

在山东开办双语学校时，我与美国教师打了很多年交道，发现他们来到中国后，马上就对中国的食物产生了浓厚的兴趣，不再喜欢肯德基、麦当劳这样的快餐。为什么？因为中国的食物看起来五颜六色，吃起来五味俱全；而快餐，吃起来方便，但它单一、重复，经常吃就索然无味了。

这让我想到了孩子们上课外辅导班的问题。

因为小升初、中考和高考的压力，据统计，北京小学阶段上课外辅导班的孩子大约占六分之五。各类辅导班的目的、指向性很清楚，就是提高学生的成绩。我们可以称之为“快餐”，其特点是快捷、方便、热量高，能很快满足饥饿感。

然而，小学是一个人人生的奠基阶段。人生的目标并不只是升学，孩子们将来还要做人、做事，合作、创业，有所成就，所以，这样奠基是很可怕的。孩子们倒是胖了，但却是虚胖，不堪一击！

孩子们必须吃“营养餐”。这“营养餐”，就是读书。我认为读书起码有三层意义。

一是在童年时期养成读书的习惯和兴趣，将让人一生受益。因为人的成长过程，必然是不断学习的过程，学习会伴随人的一生。

二是读书是孩子情感发展的最佳路径。孩子只有被书中的人物和故事感动过，情感的发育才是丰满的。人只有情感丰盈，三观才能是正确的，对世界和社会的看法才能是全面的，行为才能是理性的。

三是读书可以提高阅读理解能力。通过分析发现，语文考试中丢分最多的通常是“阅读理解”部分。说实话，要想提高阅读理解能力，没有大量的阅读做铺垫，是不可能的。仅仅靠在课堂上阅读是难以提高阅读理解能力的，而阅读理解能力又直接影响数学的学习。即使只从考试的角度看，也要让孩子走进阅读的王国。

小学阶段是孩子读书的黄金期，因为此时他们没有功利心，喜欢读什么就读什么。

我了解了一下，学校现在报辅导班最多的孩子，每周报了 7 个班，不仅双休日全部占满，几乎每天下午、晚上都要参加辅导班。孩子们根本没有自由读书的时间。

有人说："我的孩子不参加辅导班，就上不了好中学，就考不上好大学，将来就没有好工作……"我并不反对参加辅导班。譬如，有的学科瘸腿了，就需要补课；譬如，孩子有某项特长，就可以学习。但如果完全以提高分数为目标去追求考试成绩，孩子就会营养失衡，即使考上好大学，找到好工作，试想：他能够实现自我价值吗？能够得到人生幸福吗？

"快餐"要吃，而"营养餐"更必须吃！

三
什么是最好的课程

有人说，能够帮助孩子考上中学、大学的课程，就是最好的课程。我说，能让孩子获得成长智慧、拥有幸福人生的课程，才是最好的课程。

我们把"德如玉，智如泉"作为学校的培养目标。一个人只要有德行，有智慧，就能成就事业。

要想实现"德如玉，智如泉"的教育目标，不能靠口头说教，而要凭借强大而适合孩子成长的课程体系。

譬如，六一儿童节我们年年过。应该怎样过？不能随便搞一个活动，表面上轰轰烈烈，实则只是走过场。所以，必须把活动打造成课程。

每年的六一儿童节，我都从稿费里拿出一部分钱，发给每个孩子一元钱，并以这一元钱为“引子”，打造一门课程。以下是四年级（5）班王梓凝小朋友关于这一课程的一篇文章——《一元钱的妙用》。

今年六一儿童节前夕，听说校长会给大家发礼物，同学们都在议论校长到底会给我们发什么礼物。有的同学猜校长可能给我们发一支铅笔，有的猜可能是一个记事本，还有的说可能是文具盒……大家都在期待“六一”的到来。

在5月31号快要放学的时候，老师组织我们来到操场上列队，校长给我们一人发了一个红包。我迫不及待地打开一看，里面装着一张红色的小卡片和一张崭新的一元钱。我仔细品读了卡片上温馨的话语，手上拿着那一元钱，心里美滋滋的。

“在你们享受这个节日的时候，校长代表全体老师，用校长发表文章得来的稿费，送给你们一个红包，表达我们真诚的祝福和爱心，让这个节日变得更加美丽而又让人留恋！现在这一元钱属于你们了，希望你们能够用好这一元钱，用它来做自己喜欢的事情、有意义的事情。”用这一元钱干什么才是最有意义的事呢？买书？不行，太大众化了。买本子？我都有好多了。到底用这一元钱干什么好呢？

就在我不知道该用这一元钱干什么的时候，突然，一个念头从我的脑海中蹦了出来：什么也代替不了的不就是最珍贵、最有意义的事吗？想到这儿，我豁然开朗，这一元钱包含着校长对我们的祝福，这红色的温馨卡片寄托着校长对我们的希望，这就是什么也代替不了的呀！

第二天，我来到照相馆，在众多相框中发现了一个小而精致的水晶相框。“叔叔，这个相框多少钱？”叔叔回答道：“这个相框是我们店最精致的了，看你挺想买的，便宜点儿，20元吧！”我给了叔叔我的19元零花钱，再加上校长的1元钱，然后抱着这个心爱的相框走了。

回家后，我把校长送的那张温馨的红色卡片小心翼翼地放到相框里。哇！正合适！水晶的边框在阳光的照射下色彩鲜艳，中间那张红色卡片也闪着光芒，十分耀眼。

校长送的这张红色卡片被我放在书桌旁。每天，我一读到卡片上温馨的话语，全身的疲惫感便烟消云散。校长送的这张卡片充满着温馨，表达着祝福，闪耀着希望，寄寓着美好。它激励着我奋发向上，遇到困难时勇往直前。

我相信，这就是这一元钱最好的归宿。

今天的一元钱，能做什么？它掉在地上甚至都没有人捡。可是，校长送给孩子一元钱，就可以产生无数的创意和妙用。拜读王梓凝小朋友的文章，体味王梓凝小朋友用一元钱做成的“大事”，真的让我感受到课程的价值和意义。

就让教育中的所有细节，都变成孩子们成长智慧的课程吧！

让课程适合孩子的成长

最近，李振村先生就刚刚颁布的新课程标准，采访了参与讨论的北京市十一学校的李希贵校长。李校长说：“很多专家喜欢把自己对学科的热爱等同于学生的热爱，进而喜欢把自己的热爱强加给学生。一句话，我们总是自觉不自觉地做着这样一件事情：把学生培养成和我们一样的人！”

李校长还说：“语文老师、语文课堂，当然也包括语文课标和语文教材，不要总是把眼睛盯在培养大学中文系的学生、培养语言文学的专家上；数学老师也不要给自己过多专业上的使命，因为不是所有的学生都能成长为数学家，甚至连是不是需要每一个学生都喜欢数学都可以商量。单就这一点而言，在校园里，我们的音乐、美术、劳技、体育等学科的老师们，可能更加明智或者心态更加平和一些，他们在专业追求上的淡定，反倒给了学生更大的自主发展空间。”

我们一定要记住，基础教育阶段的学科教学更多的是为孩子的将来打下基础，为孩子将来的发展做准备，而不是培养各学科领域的专家。

我到台湾参访时，发现他们的二年级每周开设 7 节生活课程。我感觉这样的课程更贴近孩子的生活。他们每周也开设了 2 节体育课，和我们原来的课时安排一样。而今天，由于孩子们的体质日益弱化，我们每周将体育课硬性开到了 4 节。增加体育课，是否就可以解决孩子们体质变差的问题？其实，这是一个无解的问题。因为增加了体育课，势必就要减少其他课程，譬如，我们的小学二年级就没有生活课程。是把孩子们更多地关在校园里好，还是让他们回家有更多的玩耍时间好？

…………

我们需要思考的是：什么样的课程设计更适合孩子的健康成长？什么样的课程更能提高孩子的综合素质？

三

把包容做成课程

今天的校会是由六年级孩子主持的，他们国旗下讲话的主题是“北京精神”：爱国、创新、包容、厚德。孩子们解读了这四个要素的内涵，其中最让我心仪的是“包容”。

前段时间到杭州去，正是秋雨霏霏的日子，人、雨、树，湖、城、山融为一体。雨中看杭州，人在湖中“游”，宁静悠远，让我想到了杭州的淡定与包容。穿越马路时，杭州的“车让人”现象成为一道景观。我们走过湖边的马路，各类汽车在路边停下来，等行人过去。这正是杭州包容性的体现。

其间我约了一位优雅的女校长在湖光山色中喝龙井、谈教育。远山如黛，湖畔如梦。这位女校长的故事，真正透射出杭州的包容性。她是西北兰州人，她看到杭州招聘校长，想到夫家原籍是杭州，于是就找了个双休日去应聘。局长亲自在办公室里与她聊天，聊了半天，被她的教育情怀深深感动。局长送她出来时说：“欢迎到杭州来，走程序吧。”她惊叹：“就这么简单？”“对，就这么简单！”于是，她到杭州一所重点小学做了校长。

我问她：“人生地不熟，学校好管理吗？”她说他们学校 80% 的老师来自全国各地，大家都没有外来人的感觉，反而好做。

这就是杭州的包容性，它包容了来自五湖四海的人，没有人认为杭州是自家的，而每一个杭州人又认为自己是杭州的一分子。

在北京，如果你生活在底层，就很难感受到它的包容性。譬如，学校的铃声和广播影响了周边居民，院墙阻挡了邻居的阳光，在校园里为孩子们养上几只小动物，校园里吵吵闹闹，上学、放学时学校门口交通堵塞……学校的邻居们都有可能因此告你、缠你、恫吓你。我们学校经常接到上级转来的信访件，通常就是关于这些事情的，学校需要派出专人来做出回答、给出解释、给予回应，并且需要“马上”。

其实，我们学校 1964 年就建在这儿了，当时这儿还是一片桃林。后来，政府在学校周边开发了居民小区。然而，校园里必然有铃声和广播，孩子们必然会吵吵闹闹，学校门口上学、放学时必然会拥堵，学校养了小动物必然会有叫声，学校的院墙必然会遮挡一定的阳光……没有包容心态的城市，必然没有包容的行为。

还有一些不包容的行为。譬如，老师喜欢与学生叫板，不允许学生犯错误；譬如，家长喜欢挑学校和老师的毛病，不分青红皂白就告到上面；譬如，同事之间互不相容，斤斤计较，等等。你看，北京的马路上，因一点儿小事吵架的、得理不让人的、说话难听的、我行我素的……不一而足。

由此来看，北京真是一座不包容的城市！

包容不是虚无的。我们需要包容的文化、包容的制度、包容的政策、包容的社区、包容的组织、包容的人际关系、包容的心灵。校长包容老师，老师包容孩子，家长包容老师，老师和家长一起包容孩子，上级和周边社区包容学校……这样多好。

我想，北京的包容来自北京人的文化自觉，而北京人是从北京的校园里走出来的。因此，我们应该把包容做成课程，融进北京孩子的心灵里，让他们学会包容。

三

“虚课程”也是课程

孩子们来到学校，是什么在影响他们成长？是校长，是老师，是伙伴，是课堂，是教材，是活动，是环境……是校园里的一切！

我们经常说，学校的核心是课程。有什么样的课程，就会培养出什么样的人。有的孩子可以身穿绑满炸药的衣服，与敌人同归于尽；而有的孩子一旦遇到危机，首先想到的是保护自己的生命。这就是课程的力量！

一说到课程，人们首先想到的是语文、数学、英语等我们正在学习的显性课程，也会想到校园文化等隐性课程。然而，有一些影响孩子们发展的东西，却是我们容易忽视的。

有一次，我到外地的一所学校听课，下课时铃声大作，把我吓了一大跳——他们设置的铃声太刺耳了！铃声是什么？铃声是“虚课程”！

我想起读高中时，学校门口有一棵大槐树，树上挂着一口铁钟，铁钟上有一根麻绳飘然而下。负责敲钟的是一位老教师，他总是按时走出传达室，敲响钟声。上课时，是急促催人的“当、当、当——当、当、当——当、当、当——”，好像在告诉我们：“上课了！上课了！”下课时，是悠扬、舒缓的“当——当——当——”。只要听到这悠扬、舒缓的钟声，学子们心中便充溢了对这所乡村中学的情感。

我们忽视的铃声，将影响孩子们的生理成长，将影响孩子们的心理发展，将影响孩子们良好习惯的养成与情感的发育，等等。

于是我们把铃声也做成了课程。以下是我们学校对铃声的设定。

早上

① 7:20—7:35，每天轮流播放世界名曲和中国传统名曲，播放《玉泉学子之歌》等。

② 7:35，播放一天的开始语。到校的学生进行晨间自由读。

③ 7:55，播放晨间自由读结束提示铃（柔和的短声）。

④ 8:00，播放早操标志音乐。

上午

① 8:33，播放第一节课准备铃（急促的短声）。

② 8:35，播放第一节课上课铃（缓慢的长声）。

③ 9:15，播放第一节课下课铃（柔和的短声）。

④第二、三、四节课的铃声与第一节课的相同。

午间

① 12:30，播放就餐结束铃（缓慢的长声）。“同学们，现在让我们进入午间小憩时间。请同学们回到座位上坐好，在音乐声中开始

休息，以保证下午精力充沛……”（伴随着《摇篮曲》音乐）

② 12:49，播放午练的铃声（缓慢的长声）。广播时播放广播标志音乐。

③ 13:05，播放下课铃（柔和的短声）。然后播放《玉泉学子之歌》和《玉泉吟》。

下午

① 13:18，播放第一节课准备铃（急促的短声）。

② 13:20，播放第一节课上课铃（缓慢的长声）。

③ 14:00，播放第一节课下课铃（柔和的短声）。

④第二节课铃声与第一节课相同。

⑤ 15:05，播放课间操标志音乐。

⑥ 16:10，播放一天的结束语。播放世界名曲、中国传统名曲，播放《玉泉学子之歌》等。

⑦ 16:30，播放致谢语：“亲爱的老师们，一天的工作结束了，感谢您一天的辛苦，感谢您对我们的爱。现在，请伴随着舒缓的音乐，轻松走出校园。祝您幸福一天！再见！”（伴随着《回家》音乐）

三

“破坏课”也是一种创造课

我面前的这个男孩邋里邋遢，学习不认真，但有一样——“动手”能力特别强：新买的铅笔盒一会儿便被他摆弄破了；他的钢笔天天漏水，墨水被他抹得到处都是；课桌椅的边角，被他用指甲一点儿一点儿抠破；

爸爸刚买了个手机，还没有用，就被他给拆了……这不，今天班主任老师又开始教训起他来，原来，他把一位同学的书包带给撕裂了！

这种很聪明、“动手”能力特别强的孩子，几乎每所学校、每个班级都有！

经常有家长问我：“这样的孩子该拿他怎么办？”也有老师问我：“这样的孩子能不能转学？”

我想起了爱迪生小时候就是这样的，他老爱“破坏东西”，最后老师忍无可忍，把他赶回了家。在没有办法的情况下，他的妈妈在家里教他。

这样的孩子，往往会出人意料地成为特别优秀的人物。

然而，中国哪里有爱迪生的妈妈那样的妈妈？绝大部分这样的孩子，不都是在罚站、批评、嘲笑、打击、摧残中，慢慢地变成一般的人、平庸的人的吗？

现在，好多学校都闲置着一些旧电脑，家里也有一些淘汰的手机。一天，我突发奇想：既然这些孩子乐于搞“破坏”，为什么不为他们开设一门“破坏课”，专门让他们搞“破坏”？

于是，一间教室布置好了，在里面放置了一些旧电脑。几个孩子坐在那儿津津有味、兴致勃勃地搞“破坏”——认真地把电脑拆开，一件一件地按顺序摆好，然后，再一件一件地按顺序装起来。你看，孩子们满头大汗，乐此不疲！

其实，“破坏”也是一种创造哇！只要我们教育者的心中有孩子、有课程，就能产生更好的教育！

三

十大好玩课程

我始终认为，如果孩子们不喜欢校园，不喜欢校园里的人和事，那么，我们的教育还没有开始，其实就已经结束了。如果一所学校与监狱没有本质区别（同样是冷冰冰的，同样是被管控的，同样是高度统一的……），我不敢想象孩子们在里面如何熬过人生中最烂漫、最纯真、最美好的童年！

要想让孩子们喜欢校园，就需要创造一些能够引起和激发孩子们兴致的活动课程。所以，这个学期我们为孩子们开设了十大好玩课程。

今天上午，我们在操场上举行了本学期的开学典礼。在开学典礼上，我向孩子们宣布了本学期的十大好玩课程。

1. 春季远足课程，让同学们走向春天，感受春天的烂漫。

2. 观看话剧课程，让同学们流一次感动的泪水。

3. 大课间玩耍课程，下午不做课间操了，改成玩耍项目。

4. 名家进校园课程，让同学们近距离接触名家、大家，聆听他们的成长之路。

5. 经贸节课程，增加同学们的理财智慧，培养同学们的沟通能力。

6. 陶艺手工制作课程，每位同学制作一件陶艺作品，在校园里陈列、展示。

7. 端午面食节课程，每位同学制作一个面食作品，拿到学校展评，然后大家一起分享。

8. 级部才艺特色课程，每个级部要有自己的特色才艺，让每一位同学在不同的学年拥有一项不同的才艺。

9. 趣味竞技运动会课程，让同学们在趣味竞技中成长。

10. 六一儿童节狂欢课程，让同学们自己设计喜欢的表演形式，全校师生、家长来一次大狂欢。

本来我设想每宣布一门课程就放飞一个气球，象征着孩子们放飞心愿，遗憾的是时间紧迫，没有准备好，只放了礼花炮。随着十个礼花的绽放，从孩子们中间传来阵阵欢呼声。虽然天气寒冷，但这阻挡不了孩子们对新的校园生活的向往。

春天就要来了，小草、小树将发芽、抽枝，我们将迎来姹紫嫣红的季节。在这个充满希望的季节里，我希望孩子们能更加喜欢玉泉的校园，更加喜欢玉泉的生活！

V

邻居家那个皮小子

三

邻居家那个皮小子

皮小子七八岁时与我们是邻居。他精力旺盛，无所不好，爬树、上墙、掏鸟窝、捉虫子样样喜欢，脸上老是留有泥巴或颜料。他曾把毛毛虫放到女孩的身上或脖子里，被人家告到家里，回家后被妈妈痛骂一顿；他曾把家里的自行车拆掉，结果被爸爸暴打一顿；他曾把菜园里的黄瓜嫁接到西红柿上，结果黄瓜和西红柿都死掉了，气得种菜的老爷爷直骂……什么都爱好的皮小子，只有一样不爱好：到学校听课。据他的妈妈说，他坐在教室里老扭屁股，或拽前面女孩的辫子，老师说他整个就是一个多动症患者。考试呢？一使劲，能考到前十名，接着又会掉下来，排到后面……

学校统计“差生”，皮小子总是名列前茅。爸爸急，妈妈急，老师急！

那时我在教育机关工作，皮小子的爸爸妈妈是一线石油工人，他们很朴实，很忙碌，见了我总是说：“我们这孩子就靠您了，将来好歹给他找个学上。”

后来，有一年我到美国的学校去考察，从西海岸到东海岸，就是这个皮小子陪着我。他是美国一家著名金融公司的主管，有三个小孩，妻子是他的同学，在宾夕法尼亚大学教书。他家安在郊区的一座小山上，是 500 平方米的别墅，家里有两部汽车。我没有问他一年能挣多少钱，看他那劲儿，我想他一定是个真正的美国中产！

傍晚，坐在他家所在的小山上，我们还聊起了当年他那个皮劲儿。最后，他说了一句让我难忘的话：“其实，决定一个人未来的，不是学习成绩，而是他的自信与胆量！”

当年，他读完初中，没有考上高中，而是上了一所中专，然后工作。他的工作技艺超群，业绩非常出色。他工作的那家公司没有留住他，他去了美国自己创业。

我做校长多年，见过各色各样的皮小子。这些皮小子往往有两种家长：一种是非常上心，采取各种办法让皮小子回归“好孩子”的行列；一种是管不了，最后也就不管了，孩子爱怎样就怎样。这些皮小子几乎都遭到过老师的挖苦、同学的讽刺和家长的打骂。

我认为，今天的教育体制根本不适合皮小子的生存与发展。第一，女孩的生理发育快于男孩，女孩懂事、乖巧，在男女混校时代，她们将皮小子们比得不行了，一部分皮小子成了失败者。第二，在以课堂学习为主要学习方式的学校里，没有专门为男生设计的课程，没有皮小子们施展手脚的空间，他们不喜欢学校，不喜欢课堂。我看到英国等举办了一些男校，原因就是要创造适合男孩生长的环境。这很有道理。

我一直坚信，皮小子将来在社会上会做出一些成就。今天，怎样保护皮小子，如何创造适合他们发展的课程和环境，是我们必须认真思考并加以解决的问题。

开展差异性教育，破解高度同质化的教育，势在必行。我们玉泉小学先后开设了几十门适合男孩的课程（当然不是绝对化的，女孩也可以选择），如体育类的足球、篮球、旱地冰球、乒乓球、旗舞等，科技类的机器人、无线电、航海、航空、拼插、乐高、数学思维挑战、军事、武器、航天……我们不怕开设课程的困难，就怕孩子们提不出需求来！

谁是真正的劳动者

今天是五一国际劳动节。

1886 年 5 月 1 日，美国芝加哥 20 万工人为争取实行 8 小时工作制而举行大罢工。为纪念这次伟大的工人运动，1889 年 7 月，第二国际宣布将每年的 5 月 1 日定为国际劳动节。

显然，国际劳动节是不少国家大人的节日，是因拒绝延长劳动时间而举行罢工争取来的权利。

大人有了这样的权利，可以放假休息。可孩子呢？他们的“劳动”时间是不是一直在延长？

在五一国际劳动节，我看到了大街小巷家长们领着孩子在社会辅导班之间穿梭的身影。放假 3 天，却是孩子们补课、上特长班最忙碌的时间。各个培训机构门庭若市，车水马龙，好不热闹。

谁是真正的劳动者？竟然是孩子们！

也许，马上有人会说：“劳动者最快乐！孩子们劳动着，所以最快乐！”

在少年宫，我问一个孩子：“今天，你快乐吗？”

他摇了摇头说：“我最想去旅游，可是妈妈却带我到少年宫来学数学！”

如果劳动节期间加班，大人们是会获得成倍的回报的；而孩子们如果“加班”，又能怎么样？他们只能服从家长的安排。

有一年 4 月中旬，我在美国檀香山，发现到处都是一群一群游玩的孩子。原来，美国许多州规定，4 月中旬的那个星期是放假游玩的日子，家长必须带孩子外出旅行，接触大自然和社会。家庭困难的家长，可以申请旅行补助。如果家长没有带孩子外出旅行，就将面临被起诉、被罚做义工的危险。

中美国情不同。从小升初、中考、高考的角度看，孩子们劳动节的“劳动”是值得的，因为他们需要提高考试成绩、竞赛成绩和特长成绩。然而，从一个人一生的发展、成长和将来的人生走向以及创造能力的培养来讲，一次旅行或接触大自然、社会的实践机会更有价值，因为它们可能会成就一名哲学家、科学家、生物学家……袁隆平小时候因为一次去郊区的农场游玩，对植物产生了浓厚的兴趣。儿时的一个梦想，成为他一生的追求，支撑他成为农业大家。对袁隆平来说，这次游玩的价值，大大高于坐在教室里听上一天的课！

无疑，在劳动节，孩子们不论干什么——写作业、学特长、补课、玩电脑、外出旅行等——都是在“劳动”。对孩子来说，什么“劳动”最重要，这需要我们认真思考，有效设计。

三

孩子们的世界

最近，我正在筹划成立学校心理学研究所，打算邀请部分老师参与。

每个成年人都经历过孩童时期。请问：“你还记得儿时的思维和行动吗？”有人说：“记得，记得，小时候就知道皮！”

其实，我们所记住的，仅仅是一些重大事件。心理学告诉我们，成年人几乎全部忘记了儿童时期的思维和行事方式。不仅如此，三岁之前几乎所有的事情，包括一些重大事件，我们都记不住，这是教育家蒙台梭利告诉我们的。

我们小时候的心理活动是怎样的？至今没有人说得清楚。

正因为如此，我们成人最悲哀的事情，就是常常忘记自己曾经是个孩子。

你到田野里去过吗？那里有整齐的庄稼，四处飘逸着淡淡的清香，令人陶醉；有高大的树木，茂密的树冠在阳光下涌动着光点；也有一些杂草，诸如狗尾巴草之类，生长在沟坎上，生命力旺盛；还有一些叫不上名字的紫色的、黄色的小花在风中摇曳。

孩子的世界，就像那原野——你不可能找到一模一样的。

当然，庄稼可以养活我们，让我们生长；大树可以做顶梁柱，让我们建起广厦；而野草呢，除了喂牛、烧火，好像没有什么其他用处。

然而，有一次我坐飞机从北京到银川，看到一大片茫茫的沙漠，像大海一样起伏奔涌。这里能够生长庄稼吗？能够存活大树吗？不可能！那时，我多么希望这里变成一大片草原！我想，这是有可能的！

后来，人们通过植草，使一片片沙漠正在变成绿洲。

这就是野草的力量和价值！

孩子的世界是五彩斑斓的，孩子的世界是异彩纷呈的。

法国哲人卢梭望着被成人折磨的孩子，大声说："孩子不是缩小的成人模型！"然而，二百多年过去了，拿孩子当成人的悲剧还在不断上演。

记住，不论做老师，还是做父母，都千万不要把孩子当成成人！譬如，要求孩子聪明伶俐，要求孩子乖巧听话，要求孩子服从，要求孩子只知道学习，要求孩子不能弄坏任何东西，最要命的是要求孩子不能犯错误……

想一想吧，臭水沟旁那棵狗尾巴草还如此烂漫，何况一个活生生的孩子！

由猫想到教育学

女儿的同学不远万里从英国带回来一只小母猫，它的眼睛像绿宝石，智商很高，会开门，举止温文尔雅，颇有皇家小姐的气韵。一天外出时偶遇一只中国小公猫，它们相爱了，于是就有了一群中外混血小猫的出生。

女儿的同学为她留了两只，一只叫小花，一只叫小黑。这两个小宝宝，一母一公，皮毛都不像妈妈的，但遗传了妈妈贵族的气质。由于我们在北京，一时没有办法从山东取来，女儿的同学就代养了半年多。

其间，小花曾被一个亲戚要走，一段时间后，被女儿的同学讨了回来。然而小花回来后，猫妈妈就不认它了。而小黑始终跟随着妈妈，并且一直在吃奶。小花也试图吃奶，但猫妈妈不让它吃。

现在，小花和小黑已经长成小姑娘和小伙子了。今年过年回山东，我们顺便将它们带回北京的家里养。

我们发现，孪生的小花和小黑，性格和行为完全不同。小花胆子大，不怕人，哪儿都敢去；喜欢玩，一个核桃可以抱着玩半天；亲近人，你走到哪里，它就跟到哪里……整个一个皮小子的做派。而小黑则胆子小，经常躲在沙发底下不出来；不大喜欢玩，很少跳墙爬屋，常常趴着睡懒觉；不敢与人接触，见人就躲……这个小伙子，反而不像小伙子。

两只小猫一母同胞，性情和行为却截然不同，何故？教育学告诉我们，在遗传因素相同的情况下，环境往往决定着人的发展。

常言道：勤娘养个懒孩子。小花早早地离开母亲独立生活，并且阅历丰富，发展得更全面、更有创造力；而小黑一直在妈妈身边生活，受到的关照太多，被剥夺了成长的一些权利，抑制了它的发展，所以它胆怯，交往困难，不敢探索与创新。

因此，让孩子去经历应该经历的事情，在孩子的成长过程中是多么重要！做父母的、做老师的，千万不要好心剥夺孩子成长的权利！

满脑子都是我们的孩子

今晚我偶然看到了李振村先生博客中的一篇文章。

山东有个高峰校长。高峰的学校，有两千多个孩子。他的学校每次搞圣诞演出、元旦演出，你去看时，便发现所有的孩子都要上场，一个孩子都不落。而且，每一个孩子都要有机会站在前排。因此，他的学校的演出就缺少秩序，缺少精彩，缺少宏大、华丽的场面，但是每一个孩子都笑容满面。

有一次，上海的张雪龙校长在高峰那里开了一次全国性的会议，高校长就奉献了一台节目。高校长看得满脸乐开了花，但一些校长跟我说这个节目很一般哪。我跟高峰说了这种意见，高峰怎么说？高峰说："我又不是演给他们看的，我是让我的孩子们借这个机会展示一下。我的每一个孩子都上场，都能够在全国的老师们面前展示一下自己的风采，他们一辈子都忘不掉的。是孩子在展示自己，而不是为大人展示。你看着如何，我不管。"我觉得就是这个道理。你看高峰这一点，很了不起。

这是李振村先生和张华博士等在教育茶座"'教育家'的是是非非"中的一段对话。我看到这里时，笑了，因为我已经忘记当时是如何说的了。对我而言，这是教育生活的真实一面和自己思想的一种自然流露，但李振村先生却上升到一定高度去认识和解读它。

本来，做校长就应该满脑子都是我们的孩子。只是因为我们必须用更多的脑子去考虑领导，考虑资金，考虑职位，考虑权力，考虑提升，考虑家长，考虑社会，考虑稳定，考虑很多繁杂的事务，不得已，脑子里留给孩子们的空间太少，于是，我们把教育异化成了一个工具、一种手段。

校园里的一切，包括每一个教学设计、每一项活动、每一个创意等都应该是为了孩子。我们只有满脑子都是我们的孩子，才能创造出优质的教育！

如果你让孩子们排练半天，只是想表演给领导看，给专家看，给家长看，然后博得一点儿赞美，或为学校增加一点儿名气，那你就大错特错了，因为你的脑子里根本没有孩子，只有市侩气和功利心！

三

建设一个书声琅琅的校园

一所没有读书声的学校，显然不是一所好学校。

沐浴着朝阳，校园里响起琅琅的读书声，而不是吵闹、嘈杂和无序。那是一种品质，那是一种优雅，那是一种呼唤。

就让我们的校园里响起琅琅的读书声吧。这不仅可以让孩子们更具涵养与魅力，而且可以让孩子们形成语文素养，提高语文成绩。随着孩子们阅读理解能力、表达能力的提高，还可以提升他们的数学成绩、英语成绩。因为教育从来都不是孤立而零散的，必须作为一个整体来建构，这样才能把孩子培养成功；教学从来都不是单打独斗的，因为我们的教学效果是体现在一个完整的孩子身上的。

让校园书声琅琅，不是说说就行的，必须靠每一位教师和家长坚定的付出，靠学校对有效策略的坚守。不要说书声琅琅是语文教师的事，是孩子们的事，这是包括校长、主任、各科任教师，还有家长在内大家共同的事业。

建设一个书声琅琅的校园，是我们的追求，是我们的责任。

第一，为孩子们提供优美的诗文材料。我们已经把由我牵头开发、试验阅读了十年的《优美诗文诵读》《玉泉新经典》提供给学校每一个孩子，让他们读、背、诵、吟，把这个年龄段应该记住的优美诗文背下来。

第二，为孩子们提供自由阅读的时空。我们设计了“晨间自由读”项目，让孩子们自由阅读、背诵。这段时间以来，各个班级都响起了琅琅的读书声。

第三，为孩子们提供有效的阅读组织形式。如何组织孩子们阅读？如何提高阅读效率？我建议，每个班级选举几个阅读班长，阅读班长不仅要成为阅读榜样，管理好本班的图书，还要为伙伴们提供阅读帮助，譬如进行阅读指导、评价等。家长要组织家庭诵读节，欣赏孩子的背诵功夫。

第四，期末进行诵读展示活动。利用周一升旗仪式或队会活动时间，可以个人展示，也可以团队齐声诵读，看看谁是读书大王，哪个班级是书香班级，哪个年级是书香年级，谁是书声琅琅的优秀指导者和推动者。

我听说有的家长反对“晨间自由读”项目，理由是影响孩子玩耍和睡懒觉。我的观点是：万般皆下品，唯有读书“香”。与读书相比，看电视、玩电脑、玩玩具、做游戏、打球等都是下品！

只有让孩子读书，才能培养出“德如玉，智如泉”的幸福的孩子。

三 校园里什么最重要

今天我到六年级一个班观摩市级“三好学生”的评选。这个班分到了两个指标。

在三个优秀的孩子依次上台演讲后，全班孩子投票，有两个脱颖而出。显然，有一个落选了。

班主任老师向全体孩子特别说明，落选的孩子不是不优秀，而是受到指标限制。我又加了一句：“我们班的每个孩子都很棒，这位落选的同学也非常了不起，让我们给她掌声！”我看到这个孩子涨红了脸。

我一直惦记着这个落选的孩子，替她设想如何迈过这道坎。

正好第二天我去这个班听课。我发现，落选孩子的课桌是空的。显然，这个孩子没有来上学——果真被击倒了！

下课后，我问班主任老师，她说："家长昨天晚上发信息了，说孩子发高烧，今天不能上学了。我发了信息安慰了孩子。"班主任老师做得真好！

为了评选"三好学生"，六年级300个孩子牺牲两节课参加投票，还需要30位老师参与忙活，更要命的是有一部分孩子被"竞争"掉了。试想，他们在儿童时期就接受这样残酷无情的竞争（有些专家说这是"磨难教育"），心灵肯定会遭受一定的伤害，就像发高烧的这个女孩。如果从经济学、人类学、教育学的角度考察，这样的评选到底有没有价值？

当然，这样的评选是必要的，我没有否定它的意思。然而，我想：校园里什么最重要？我们是否组织了最具效益的教育活动或项目？我们是不是在努力建设弥漫着教育空气的校园？

佛家讲"舍得"，不舍不得。

校园里有一些东西是必须舍掉的，否则就不符合"要事优先"的管理学原则；就没有尊重教育学的基本规律；就会把老师累死，把孩子害死；就没有效率，没有效益，培养不出完整的人。

我们必须知道校园里什么最重要哇！

三

打手是如何"制造"出来的

最近读《小学学什么——英才是这样炼成的》，其中有肖毛先生的一篇文章，里面举了一个例子。肖毛先生小学五年级时，新换了一个姓李的男班主任，他经常对喜欢打闹且成绩差的孩子拳打脚踢。有一个叫温序安的同学，外号“瘟鸡”，从他记事起，他的父母就经常打架、骂街。在父母的影响下，温序安喜欢打闹且成绩差，于是，总是受到李老师的“优待”。每次受到“优待”后，“瘟鸡”都把心中的怨气撒到比他弱小的同学身上。

多年以后，肖毛先生路过一个市场，发现一名身穿制服的市场管理员正在用皮靴乱踢一个小贩的摊床，并挥起拳头打小贩的脑袋。肖毛先生摇摇头，叹息一声，市场管理员立即转过身来气势汹汹地盯着肖毛先生。刹那间，市场管理员露出不好意思的表情，然后喊出了肖毛先生的名字。原来，他就是身受家庭暴力、被李老师踢打的“瘟鸡”。

读到这里，我想到了社会学习理论的创始人、美国社会心理学家艾伯特·班杜拉。他认为来源于直接经验的一切学习现象实际上都可以依赖观察而发生，其中替代性强化是影响学习的一个重要因素。根据班杜拉的一项研究，看到榜样做出攻击性行为而受到惩罚的儿童，相对来说表现出较少的攻击性行为；看到榜样做出自己原来抑制的行为而受到奖励时，会加强做出这种行为的倾向，即出现一种解除抑制的效应。

温序安自记事起就在父母打架、斗嘴和骂街的环境中长大，因此具有攻击性和暴力倾向。这是看到父母经常做出攻击性行为的结果。在学校里，温序安又遇上了一个喜欢拳打脚踢的班主任，这进一步强化了温序安的攻击性行为。最终温序安走出学校做了市场管理员时，成了一个“社会打手”。

家长和老师就这样漫不经心地制造出了一个“打手”。其实，温序安们不论是做市场管理员还是混入执法、权力机构，“打手”的心理和性格已经固化为他们的共性。

肖毛先生说，庆幸的是“瘟鸡”仅仅做了一名市场管理员。如果“瘟鸡”做了县长呢？市长呢？省长呢？会不会活脱脱成为一个希特勒？

家长啊，老师啊，孩子在我们手里，可以成为好人，也可以成为坏蛋！

三

对北京创造力的反思

卢文龙先生在北京电视台主持《这里是北京》节目，然后出了一本书——《阿龙聊北京》，探索北京的历史文化风貌，品味老北京的风土人情。

卢文龙先生谈的是老北京的人情世事，但我从中却看出一点：北京的知名老字号品牌，几乎全是外地人创办的！

同仁堂的创始人叫乐显扬，祖籍是浙江宁波。全聚德的创始人叫杨寿山，是河北冀县人。老北京著名的八大堂，为首的是会贤堂，其创办人是山东济南人。老北京有一个顺口溜：头顶马聚源，脚踩内联升，身穿瑞蚨祥，腰缠“四大恒”。其中，马聚源是直隶马桥人；瑞蚨祥的创始人叫孟鸿升，是山东济南人；内联升的创始人叫赵廷，是河北武清人；“四大恒”指四大钱庄——恒利、恒和、恒兴、恒源，其创办人为南方人。老字号还有名噪一时的南恒顺，创始人是山东禹城人；都一处，创始人是山西人；东来顺，创始人叫丁德山，是河北沧州人。王府井大街上的著名商号盛锡福，创始人叫刘锡三，是山东掖县人。新中国成立后，盛锡福专门为国家领导人制作帽子，陈毅出访印尼、周总理出访苏联时都是戴着盛锡福的帽子。还有卖钟表的亨得利，创办人叫王光祖，是浙江海宁人。西单有名的烤肉宛，创办人姓宛，是直隶大厂人；天福号酱肘子，创办人叫刘德山，是山东掖县人……

你看这些老字号，今天还在丰富着全国人民的生活，为北京创造着价值和财富，但遗憾的是其中没有一家是北京本地人创建的。难道北京人的创造力不行？北京人又做什么去了？

据卢文龙先生介绍，当时的旗人是不劳动、不经商的，一律由朝廷供奉着，即领着工资天天玩。玩什么？提笼架鸟。《阿龙聊北京》里有一篇文章是《养鸽子玩鹰》，里面详细介绍了北京人养鸽子、玩鹰是怎样玩出花样、要出别致来的。

当然，今天的北京人已经不是老北京意义上的北京人了。北京是全国的政治、文化中心，特别是改革开放以来，新的北京市民大都是外省的新移民。

然而，老北京的遗风尚在。要改变一种文化，绝非易事。创造力，不仅表现在商界，还表现在政界、学术界、教育界……我想，在北京，培养孩子的创造力，发展孩子的高阶思维，应该是学校的重中之重。

三

为儿童种下一粒种子

那年我和老师们开展“教育之旅”，有的老师带上了自己的孩子。孩子有年龄大点儿的，也有年龄小点儿的。那个最调皮的小男孩举着小旗子当“导游”，他被我任命为“车长”。他一得空闲就穿来穿去，奔忙不息，永远有新鲜事物在等待着他去“研究”，永远有我们认为无聊而他感兴趣的事情去做。我们站在宾馆门口等人，他的妈妈就支使他到宾馆的大厅里数放在那儿的一排雨伞，他很认真地数完，出来报数，再进去……这些看似毫无目的的行为，对孩子来说，却包含着巨大的教育价值。

人的智慧来自体验，人的成长依赖生活本身。生活经验，一是间接的，一般来自书本和人与人之间的口头传递，所以我们需要读书和交朋友；二是直接的，就是对生活本身的体验，只有自己经历了，才能生成，所以需要行万里路，需要顶风冒雨，需要体验成功和失败……

今天，好多人都希望搭起一个温室，把孩子置于其中，为他们遮挡风雨，让他们像盆花儿一样完美地长大。这其实剥夺了孩子接受生活教育的权利和机会，抑制了孩子的自我体验和成长。

科学家袁隆平在《妈妈，稻子熟了》一文中，特别提到了妈妈带他经历的那些颠沛流离的艰苦生活。正是这些颠沛流离的艰苦生活，为童年的袁隆平埋下了成长的种子。他这样写道：

> 妈妈，每当我的研究取得成果，每当我在国际讲坛上谈笑风生，每当我接过一座又一座奖杯，我总是对人说，这辈子对我影响最深的人就是妈妈您啊！
>
> 无法想象，没有您的英语启蒙，在一片闭塞中，我怎么能够用英语阅读世界上最先进的科学文献，用超越那个时代的视野，去寻访遗传学大师孟德尔和摩尔根？
>
> 无法想象，在那个颠沛流离的岁月中，从北平到汉口，从桃源到重庆，没有您的执著和鼓励，我怎么能够获得系统的现代教育，获得在大江大河中自由翱翔的胆识？
>
> 无法想象，没有您在我的摇篮前跟我讲尼采，讲这位昂扬着生命力、意志力的伟大哲人，我怎么能够在千百次的失败中坚信，必然有一粒种子可以使万千民众告别饥饿？
>
> 他们说，我用一粒种子改变了世界。
>
> 我知道，这粒种子，是妈妈您在我的幼年时种下的！

是妈妈，把一粒改变世界的种子悄悄地种在了孩子的心间，让它发芽、出土、长大、开花、结果，然后收获！

请放开手，播种的人，不要再把种子放在心窝，含在嘴里，而要坚定地将它撒到泥土里去！

三

孩子吃饭这件事

在山东做校长时，我经常为孩子吃饭这件事而揪心。原因是家长经常反映孩子吃不好饭：有嫌肉少的，有嫌菜少的，有嫌饭烫的，有嫌饭凉的……十次征求家长的意见，起码有八次是反映孩子吃饭这件事，真可谓众口难调。

民以食为天。让成长中的孩子吃好饭这件事再怎么要求也不过分。所以，我做校长时，办食堂十年始终坚持一条原则：决不承包或出租，坚持学校自己办。有三点是必须做好的。第一，安全。从采购、加工、制作到分餐，把每一个环节都做成流程，使每一步都有专人负责监督，以保证食品的绝对安全。即使物价上涨造成亏本，也不采购质量不过关的食品。办了十年食堂，基本上都是两千多人同时就餐，但从没有发生过食品安全问题。第二，营养。学校专门请营养专家制定营养食谱，以保证孩子们蛋白质、维生素、碳水化合物的摄入量，从而促进孩子们健康成长。第三，口味。为了适应孩子的特点，将蔬菜做细，肉类做碎，点心做小，主食做精，控制食盐和味精的用量，每两周换一份食谱，根据季节不断变换花色品种。

这三点次序不能更改，安全第一，营养第二，口味第三。

由于口味受到制约，所以，几年下来，许多孩子吃腻了学校的饭菜。于是，孩子一喊，家长也跟着喊。然而，即使我们成人天天吃饭店，天天大鱼大肉、生猛海鲜，不也会吃腻吗？给孩子办食堂讲的是良心和责任，不能因为大家不同的声音而改弦更张。

前几天，北京的老师到山东潍坊的学校交流，吃了潍坊学校的饭，大家直叫好，同时明白了北京的孩子吃的是什么饭。

我在北京做校长，家长反映最多的一件事，也是孩子的吃饭问题。

其实，我一看就清楚北京的送餐公司送来的饭是一个什么情况。试想，上午 9 点在遥远的郊区把饭做好，装进塑料饭盒，再装进保温箱，再装进车厢，然后拉到学校，12 点分饭。不要说做得好不好（我们根本看不到用料和加工过程），整个过程用了这么长时间，什么饭菜能好吃？

但不如此，又能怎么样？学校没有食堂，谁有办法解决孩子的午餐问题？

看看北京孩子的午餐，我觉得我原来工作的学校的孩子很幸运哪！

我到韩国考察学校，专门去看他们的午餐。我去的那所小学，政府为他们配备了加工间，里面十分干净整洁。厨师把饭菜做好后装进餐盘，通过一个不锈钢通道传送到每间教室里，孩子们可以吃到鲜美的饭菜。

到日本考察时，我也关注孩子的午餐。他们的午餐按照家庭收入情况分为三种：交钱的、交一部分钱的、免费的。其中交一部分钱的和免费的，由政府承担部分或全部费用，但孩子们并不知晓，以免造成孩子之间的歧视。日本孩子午餐的成本蛮高的，否则他们怎么能吃好？

看看日本孩子的午餐，我们还能说些什么？

学生也是教育资源

在山东时，我参加过潍坊市北海双语学校学生的远足活动。当时，为了学生的安全，让一个初中的大学生牵着一个小学一年级的小学生。在长长的队伍里，你会发现很多意想不到的故事：一个哥哥背起一个小弟弟赶路，因为小弟弟跟不上大部队了；一个大姐姐的肩头，挂满了小弟弟和小妹妹们的水壶、旅行包甚至玩具；一大一小两个学生一边走，一边交流……我还听到了一个初二的学生为一个二年级的学生讲数学题。一次远足，让独生子女们学会了承担哥哥、姐姐的责任，让小不点儿们感受到了学长的关爱与友情……

我刚来玉泉小学的时候，一至四年级的学生被安排在本校，五至六年级的学生被安排在分校。看到一年级的学生单独列队、乱七八糟地做课间操时，我一直在思考一个问题：如何发挥大孩子对小孩子的影响和带动作用？这其实是很重要的教育工作。从教育学的角度考虑，学生本身也是资源。一所学校优秀的校风、良好的传统和文化，不是靠一届又一届的学子们传承下来的吗？

放假前，我找主题课程部的老师和一些班主任老师聊这件事：本校、分校的学生应该如何搭配？我想听听他们的意见。老师们的意见不一致，看得出来，大家并没有从心灵深处去思考这件事。

这时，来了一个机会。今年一年级一下子招了10个班，如果按照常规安排，本校根本放不下。最终，大家同意，把一年级和五年级学生放到分校。

开学后，大家都说："今年的一年级学生真好带，他们很快就适应了学校生活！"过了几天，大家又说："一年级的学生刚开学竟然就学会了做操！"

后来，我发现了一个秘密：一年级的学生很快就适应了校园生活，很快就学会了做操，这些都是跟着五年级学生学的！在操场上，我碰到杨老师在教学生做操，他得意地说："校长你看，这边是五年级的，这边是一年级的，让学生教学生，比我们教要学得快！"

老师们真聪明，充分利用了学生资源。现在，每天做操的时候，都是一队大孩子、一队小孩子。五年级的大孩子一定在想："我要做好，要为一年级的小同学做出榜样。"一年级的小孩子一定在想："我要做得像大哥哥、大姐姐一样好！"

学生本身不就是最好的教育资源吗？

三

一元钱与一粒种子

我在农村长大，并且侍弄过麦子、玉米、大豆等，我知道拿一粒种子能够做什么。可今天的孩子们知道一粒种子的价值吗？不知道！

今年春天，全校孩子到南郊踏青，大巴开上大坝，展现在大家眼前的是一片青绿，一车的孩子都在惊呼："啊，好高的稻子！"我说："孩子们，这可不是稻子。"一个小男孩说："校长，我知道了，是韭菜！"一个小女孩不服气："不是韭菜，是芹菜！"我只好告诉孩子们："这是麦子。你们吃的馒头就是把它们的种子磨成面粉做的。"孩子们一脸茫然，似懂非懂地点着头。

今天，我又见识了一粒种子。

早上，闫老师给我发信息："给您带了一个礼物，放到了您的办公室。"我想，我从来不倡导同事特别是校长和老师之间"礼尚往来"，她怎么给我"送礼"？等到了办公室一看，发现原来不是闫老师"送礼"，而是我的学生、她的女儿高子晴在"送礼"。

礼物是一个硕大的、青色的宝葫芦。上面有一张纸条。

尊敬的高峰校长：

您好！感谢您送给我的一元钱，我用它买了几颗种子，可惜只结了一个葫芦，我想把它留作种子。偶然间我得到了两个大葫芦，打算送给您一个，作为对这份礼物的回报。

希望您能够喜欢。

高子晴

2011年10月20日

中午碰到闫老师，闫老师告诉我，高子晴一直在纠结，因为用校长六一儿童节发给她的一元钱买的宝葫芦种子，仅仅结了一个果实，她非常喜欢，想自己留下；但又怀着一颗感恩的心，非常想把它送给校长。正在犹豫之际，亲戚送来了两个宝葫芦，总算解了围——既留住了自己的果实，又可以对校长表达感激之情。

这学期，高子晴转到了另一所学校读六年级。虽然高子晴不在本校读书了，但过了这么长时间她仍然惦记着那一元钱，惦记着发一元钱的校长，纠结着要不要将仅结了一个的宝葫芦送给校长，这是怎样一粒情感的种子？

现在，这个硕大的、青色的宝葫芦就放在我的窗台上。望着它，我想到了一个问题：教育，其实就是给孩子一粒种子，让这粒种子不断长大！

三

远足的胜利

远足是我们学校的一门校本课程。

同样是组织孩子外出，秋游和远足有何不同？答案是两者的教育空间和价值不同。

秋游一般是雇辆大客车，把孩子们拉到某个景点或基地，或玩耍或游乐，吃完午餐后拉回来放学。而远足，则是孩子们团结一致，互帮互助，去完成一件大事情——克服各种困难，到达目的地。

本来，国庆节后就要组织远足，由于北京要举办重要活动，远足未获批准。之后，不止一个孩子问我："高峰校长，还去不去远足？""高峰校长，什么时候去远足？"他们急切的眼神中充满着渴望。眼看天气越来越冷，有老师建议："要不就算了，反正教委不批。"我说："不行，我们答应孩子的事情，就必须去做。”

上周终于得到教委批准。这一点，北京做得真好。原来在山东，为了安全或者说规避责任，远足几乎永远不会获批。要去，就自己组织；出了问题，就校长担着。所以，那时，可能只有我们一所学校每年组织孩子们去远足。

如何组织远足？大家没有经验。我看了主题课程部拟订的方案，做了三个调整。第一，把领头的六年级调到后面，把二年级放在最前头。如果让高年级孩子走在前面，低年级孩子就会跟不上。而一年级孩子自控力差，就让他们夹在队伍中间。第二，六年级与一年级组合，五年级与二年级组合，四年级和三年级组合，让大孩子带小孩子，以培养大孩子的责任意识，让小孩子感受同学的温暖，建立良好的同伴关系。第三，欢迎家长参与，征招义工，协助老师管理孩子。

两千多人的队伍出发了，田村派出所的同志们指挥，保安队的同志们配合，老师全部上阵，四十多位家长志愿者参与，大家浩浩荡荡，穿越金沟河路和阳光星期八公园，沿着玉泉路南行，通过航天二院和国防大学门口，钻入玉泉路地铁站通道，爬上天桥，抵达国际雕塑公园北门。三公里的路程，前前后后用了一个小时。

临走前，一位奶奶拦住我：“校长，我的孙子上一年级，他从来没走过这么远的路，能走过去吗？”我说：“没有问题。您不要小瞧孩子的力量！”老人说：“他爸爸、妈妈都来了，可以跟着吗？”我说：“可以。但不能只照顾自己的孩子，要帮忙管理全班同学。”

把孩子们带出校园，这本身就意味着校长的责任。说实话，出一点儿安全问题，就没法向上级和家长交代。秋游，是用客车拉着孩子们，相对安全；而远足是孩子成长过程的重要组成部分，我们不能不让他们去经历和体验。所以，预案缜密，组织严密，统一指挥，各司其职，监控到位，就显得特别重要。这次，我做了点儿妥协：同意家长到公园接孩子。如果让孩子们从公园再返回校园，经过来回六公里的远足，教育效果就会更好，可以让孩子们感受到“长征”的滋味。

在雕塑公园游玩期间，有两个五年级的孩子由于相互推搡玩耍，掉进了水里。当然，我们事先到公园里勘察过，知道公园水池里的水很浅。事后总结时，有的老师高度关注了这件事。我说：“我们不能因噎废食，这两个孩子掉进水里，也是一种有效的教育资源，我想，他们以后再也不会在水边互相推搡了。这可能对全体孩子都是一个警示。今天的失败，就是将来的经验和智慧，让孩子们在失败中吸取经验和智慧也是教育的目的。我将失败也视为远足的胜利！”

三 一个孩子的体育课

我到美国费城铁匠铺学校访问时，去体育馆参观。体育馆，就是一间宽大的房子，里面各类体育设施齐全，各种教学器材琳琅满目。墙壁上方是篮球架，下方是足球门，地面上是跑道和沙坑等。校长告诉我，所有体育课都在这儿上。

我们进去的时候，偌大的空间里，只有一个孩子在上体育课。这是一个残疾孩子，他依靠双臂在跑道上“跑步”。而体育老师则蹲着身子，吹着哨子，双腿快速移动，陪伴这个孩子练习“跑步”。

看到这一幕，我真的被震撼了。

中国的学校，我去过很多很多，从来没有见过哪所学校为一个孩子上体育课。如果哪个孩子残疾或病了，体育课上根本就看不到这个孩子的身影，他往往被留在教室里。

什么是最好的学校？只有为每一个孩子设计课程，为每一个孩子的发展量身定做教育活动的学校，才是最好的学校。所谓好校长、好老师，在今天意味着所教的学生分数高。而我始终认为，这样的好校长、好老师越好，对孩子往往毒害越深、伤害越重！所以，当我们的课堂越来越趋向技术主义的时候，学校和老师挖掘的往往是分数，而不是孩子的情感、智能和智慧，从而忽视孩子的全面发展。

课程，不论国家课程还是地方课程，到了学校，就变成校本课程。只有这样，才能发挥课程的价值。校本课程又必须走向生本课程——为每一个孩子开设适合其个性发展的课程。

美国的这所学校做到了。

但即便如此，美国教育家多尔仍对今天美国的课程进行了严肃的批评——杜威的幽灵在美国的课程中游荡。他的幽灵像精灵一般在课程中神出鬼没，提醒我们不论是课程理论，还是课程实践，我们都没有“搞对”。

我们呢？不要说多尔的批评，离杜威的理想也都很遥远，还没有达到课程校本化的层面，遑论课程生本化问题！

前几天，某知名大学校长骂“美国教育一塌糊涂”，实际上他没有到我们的小学课堂上听过课，只是坐而论道随便一说而已。他不知真正的“教育一塌糊涂”就在我们这儿。我们有哪所学校会专门为一个残疾的孩子上体育课？

三 有关问题学童

问题学童，或者叫特殊儿童（主要在义务教育阶段里），一直是我们老师面临的挑战之一。特殊儿童越来越多，但家长却不肯轻易承认（主要是碍于面子）。另外，老师面对特殊儿童根本做不到位（由于学术背景和时间方面的原因）。

我们一般将特殊儿童分为两大类：一类是先天性的智障和肢残儿童，一类是由后天环境造成的行为和心理问题儿童。一般而言，特殊儿童指第一类。第二类儿童本来没有问题，他们的问题是由家庭原因（如单亲家庭、重组家庭、家庭暴力、父母坏榜样等）、社区原因（如街头伙伴、邻居不睦）和学校环境（如管理问题、同伴和老师的原因）等造成的。

对第一类儿童，西方国家很早以前是设立专门的学校进行集中教育的。后来他们发现，这些儿童长大步入社会后，无法与人正常交往，存在融入社会的巨大障碍。20 世纪五六十年代，西方掀起了特殊儿童回归正常学校运动——让特殊儿童进入正常儿童的班级里参与学习。

我国台湾地区的特殊儿童也是回归正常学校的。我曾在台北市东园小学听过一节二年级的语文课。当时我注意到一个小女生在独自画画，根本不参与学习活动。仔细观察后我发现，她的书包是紧紧靠在座位上的，而其他孩子的是随意放在一边的，这说明这个女生也许有严重的自闭症。课后我与老师交流得知，她果然是一个特殊儿童。

在台湾，我发现所有学校，除常设的教务、学务和总务部门外，还专门设有辅导部门来研究和组织特殊儿童的学习和生活，负责的老师都拥有心理学背景。每所小学和初中，均设有一至三个特殊儿童教育辅导班，针对特殊儿童单独组织教学。

台湾中小学基本都有为肢残学生设立的专用通道，且都设有电梯。我们在信义中学访问时，学校正在建造一部外置电梯。校长说，因为今年学校有了肢残学生，政府必须掏钱配备电梯。

大陆仍是传统的做法，多是在区、县一级设立专门的学校，如聋哑学校等。这几年许多发达地区逐步放弃了这一做法，让特殊儿童在正常学校随班就读。但由于我们的学校没有专门的辅导机构和专业人员编制，加之在应试教育体制下，需要计算考试的优秀率、及格率，特殊儿童的学习成绩会给学校和老师带来很大压力，让特殊儿童在正常学校随班就读并不利于特殊儿童的成长。

我认为，特殊儿童应该回归正常校园，接受正常教育；同时，政府应该增加学校的编制、专业教师和教育经费，专门帮助和支持特殊儿童发展，还要改变目前应试教育的评价方式，真正关注特殊儿童的成长。

三

把全校老师当作亲戚的孩子

我刚到玉泉小学的时候，周二早上在分校门口迎接学生，发现一个男孩拿着一块石头。老远，他就朝我喊“伯伯”。我迎上去抱住他，顺势接过他手里的石头，问他：“孩子，你拿块石头干什么？”他一脸灿烂，天真地说：“我自卫！”我说：“我们学校是安全的，你看同学们互敬互爱，不用自卫。”

显然，这是一个特殊的孩子。

等到周四早上我又碰到他时，我们相拥在一起。他悄悄地说：“校长，您做我的伯伯可以吗？”我说：“当然可以。喊校长和喊伯伯其实是一样的。”然后，他又跟我说了一大串我们学校老师的名字——谁是他的姑姑，谁是他的舅舅，谁是他的姨……在心灵深处，他把学校所有老师都当作了自己的亲戚，刚刚来到学校做校长的我，就成了他的伯伯。

从那以后，每次见面，这个男孩总是喊我伯伯，而我就做了他的“伯伯”。自那之后直到今天，我都没有再见他拿着石头之类的东西到学校来。

10 月 21 日远足的时候，我们在国际雕塑公园里相聚在一起。他说：“伯伯，卡扎菲死了。”我一愣：“真的还是假的？”昨晚我上网时还没有发现这条新闻，他是怎么知道的？他的班主任张老师说：“他对新闻特别感兴趣，几乎天天听新闻。”

这个孩子给我讲了一个故事，接着又讲了一个笑话，惹得我们哈哈大笑。他清晰的思路和生动的语言让我无法把他跟老喊我伯伯的那个孩子联系在一起，但确实是同一个人。

张老师说：“他的记忆力特别好，文章也写得好。”我自然又想深入一步：他是一个非常聪明的孩子，是什么原因导致他在某些方面出现异常？我又悄悄地问他的同学：“你们怎么看他？”孩子们说：“他不就那样吗？挺好的呀！”我释然了：老师也好，同学们也好，真的把他当作自己的亲戚了。

今年秋季开学，这个孩子随着年级转到了本校。一天早上，我在校门口碰到他，他说：“伯伯，圣诞节的时候，我建议您在校园里的那两棵松树上挂满灯火。”我说：“好哇，多好的主意！谢谢你。”

离校课程

教过六年级的老师都知道，最后一个学期即将离校时学生最难带。

我想，大概有主观、客观两个方面的原因导致即将毕业的学生变得浮躁、不安分起来。主观方面，学生的心理发生了变化，他们认为就要毕业了，马上就会摆脱学校和老师的“控制”，从而不自觉地放松了对自己的要求，甚至无所顾忌。客观方面，学校、老师面对学生管理难度越来越大的实际，抱着只要不出事就好的心态，责任心逐步弱化，也放松了管理和教学。加上家长也认为孩子快要毕业了，该放松就放松吧。于是，一部分学生出现与老师和家长对抗、逆反、放弃学业、欺凌同伴、偷盗、破坏学校公共财物等行为。

说实话，这不能“归罪”于老师和学生，这是因为中小学衔接出现了问题。一般地区，是按学区划片入学，学生不管学业成绩和行为表现如何，一律可以升入初中。而有的地区，五年级或六年级第一学期有一次检测。检测后，成绩优秀的学生接到中学录取通知，成绩普通的学生等待电脑派位。不论何种情况，学生都将面临重新洗牌，升入不同的学校。九年义务教育本来是连续的，中间并没有毕业和升学的问题，但现在人为地切割学段，必然会造成上述问题。

六年级是一个过渡年级，学生不论在生理、心理、认知、道德水平方面，还是在行为、学业、同伴关系方面，都将发生重大变化。保持良好的行为习惯，选择一所适合自己发展的中学，并为适应中学阶段的生活而做准备，是这一年的关键。同时，即将毕业的学生对学校而言，也具有巨大的影响力。譬如，对校园重大活动的支持、对其他年级学生的正面影响，乃至对优良校风的形成和传承等。

如何让毕业年级的学生回归教育常态，将良好的习惯保持到中学？我们设计和实施了长达一个学期的离校课程。

离校课程的主要内容如下：在开学后的离校课程启动仪式上向全校师生大声承诺，每个学生都去帮助一个低年级学生；参观一所中学并动手做一个实验；为母校留下一件艺术品或其他东西；为学弟学妹捐送读过的书并留言勉励他们；写下一个心愿或梦想放进心愿瓶，相约 20 年后回母校打开……在学生即将离开母校的那天，学校举办“品玉泉甜饼，话母校情深”活动，作为学生告别母校的仪式。

春天到来的时候，学校利用周一校会时间，举办了隆重的六年级学生离校课程启动仪式。三百多个学生与全校老师和其他学生相对而立，学生代表升起国旗和校旗，宣读倡议书，级部主任张老师领读誓词。我看到，六年级的学生肃然而立，神情庄严，有的学生眼睛里闪动着泪花。

我向学生们讲了这样几句话：“一所学校的品质，来自良好的校风；而良好的校风，是一届又一届毕业班的同学凝聚而成的。我们全体六年级的同学要承担这样一份责任。我希望六年级的同学为学弟学妹们树立好榜样，我希望你们在离开母校前的最后一段日子里，留下一串闪光的足迹。”

今年的这届六年级学生，整体表现非常棒。20 年后，他们将事业有成。我盼望着他们时刻不忘母校，20 年后一起相约回来，打开他们 12 岁时的心愿瓶。那时，我是否还在人世尚不可知，但我仍然期盼着那幸福的一刻！

是石头竭力开花的时候了

今天，送别自我来到玉泉小学后的第一届毕业生，我向孩子们讲了这样一段话。

在你们即将告别生活了六年的母校和母校的老师时，我想到了伟大的德语诗人策兰的《花冠》（王家新译）这首诗。

是石头竭力开花的时候。
是不安宁的时间心脏跳动，
是时间如它所是的时候了。
是时候了。

孩子们，是时候了，是小鸟要离开鸟巢的时候了，是小船要远航的时候了，是你们将要离开母校的时候了！

每年的这个时候，是你们即将离开母校的日子，校长和老师们总有一些淡淡的伤感与留恋，因为看着你们从自己身边走过，奔向远方，总有一些不舍。但是，你们终究要奔向远方！

中学生活即将开始，你们将面临更加繁重的任务。课程的种类和数量都会增加，还要面临中考，学习任务将会更重。在新的环境里，你们需要处理好与同学、老师的关系。有时候你们可能还会出现逆反行为——妈妈说向东，而你也认为应该向东，但是你嘴上却说要向西。有一些同学会慢慢地滋生出一些莫名其妙的情绪。还有一些同学会喜欢上异性同学……这些，你们可能都会遭遇！

所以，我今天特别想送给你们两句话——

第一句，要有一个梦想。随着中学生活的开始，职业生活与你们越来越近，人生规划显得特别急迫。不论你们梦想着做科学家、军事家，还是做优秀的出租车司机或保洁工，都无妨。重要的是，有梦想才能有人生的追求，才能有前行的动力！

第二句，成长是自己的事。你们吃了饭，才能长身体；你们掌握了知识，丰富了大脑，谁也拿不走……这一切，都是你们自己的事情。父母只是为你们提供衣食住行，学校和老师只是为你们提供成长的平台和空间，成长则是你们自己的事。所以，你们千万不要抱怨环境和生活，而要积极、主动地成长！

孩子们，是时候了，是石头要开花的时候了。

你们即将离开母校，即将步入中学生活。母校的老师，愿意看着你们背起人生的行囊前行，愿意在背后默默地为你们加油助威。

母校的老师，盼望着听到你们传来一个又一个好消息！

母校的老师，祝愿你们走得更好、更远、更高！

VI

站在孩子背后的那些人

三

站在孩子背后的那些人

多年的教育经历告诉我：优秀孩子的背后，往往站着优秀的父母；问题孩子的背后，往往站着有问题的家长！

早晨上学时，一位女士领着自己的孩子怒气冲冲地找到学校，非要找老师，还要找一个男孩的家长。原因是昨天在放学的路上，自己的儿子受到了那个男孩的欺负。

果然，这位女士找到了那个男孩的父亲，两个人在校园外面的马路上争吵起来。两个孩子眼巴巴地看着自己的父母为自己找情理。

其实，我们可以想想我们自己是怎么长大的。童年时，谁没有打架的经历？谁没有争吵的体验？但是我们成人之后便忘记了这些，恨不得把自己的孩子含在嘴里、捧在手里，舍不得他们经受一点点磨难、吃一点点小亏。

成长永远是孩子自己的事。父母为孩子做得越多，孩子的成长往往越有问题。小草都是经历了风风雨雨、天寒地冻，才茁壮生长的。养在温室里的那些花草，能存活多少时日？

早上家长争吵时，孩子看到自己的父母如何为自己找情理，如何不让自己吃一点点小亏，就会学会如何不吃一点点小亏。孩子本来都是好孩子，就是我们做父母的不明白，常常把正常孩子“修理”成了问题孩子。

苏霍姆林斯基曾经说过，学校教育的效果，取决于与家庭教育的一致性。

所以，如何把站在孩子背后的那些人教育好，有时比教育孩子本身更重要！

三

幸福教育从回家开始

在中国社会转型时期，学校教育能否取得成功，关键在于家庭教育配合与否。

现在，中国城乡大约有20%的“残缺家庭”——离异家庭、单亲家庭、重组家庭、“犯罪”家庭、伤残家庭、外出打工家庭、“暴力”家庭、不睦家庭等，这些家庭都存在家庭教育缺失的问题。因为学校教育的功利性，加上家庭教育的缺失，20年后，大批遭遇失败的孩子将长大成人，步入社会。

近年来发生的校园伤害案件，据统计，犯罪分子大多都没有小学毕业，基本都是在家庭教育缺失的环境中长大的。今天下午回到北京，看到北京电视台的一个报道：一个14年前杀了6个人的罪犯被民警抓捕归案，罪犯说，他2岁时失去父亲，后来母亲改嫁，继父经常打他，他15岁时一个人到北京游荡，20岁时杀了人，之后一直逃窜。

我通过分析发现每一个问题孩子的背后，往往都有一个有问题的家庭。

对孩子的教育，绝对不是学校能够独立完成的。苏霍姆林斯基早就告诫我们，如果不能教育好家长，就不要指望教育好孩子。

这不是在推卸学校教育的责任，而是说，今天我们的学校教育需要转向。考上大学的孩子固然是好孩子，但如果社会上有过多问题孩子，这个社会就仍是一个问题社会。

幸福教育需要从学生回家开始。

下面转载一位山东潍坊的校长朋友转给我的一篇文章作为注脚。

昨天，全市家庭教育指导咨询中心成立，金琰老师应邀到会为中心成立揭牌，并做了一场简短的报告。这次报告，主题就是“幸福教育从回家开始”。学校教育仅仅是教育的一部分，要让孩子更好地成长，需要家庭的密切配合与合作，甚至需要全社会的共同参与。家是孩子成长的摇篮，她把家以十六个字作比——“生命之宫、心灵之根、幸福之本、教育之源”，让人很是感同身受。她说，孩子是天生的观察家，父母关系不和谐会给孩子带来很大的心灵创伤，有自私、偏执、早恋等问题的孩子，大多来自问题家庭。父母在孩子成长过程中的教育意义其实比学校要重要得多。

从我校实际情况看，家长大多为个体商户和上班族，文化程度及个人素质不高，家庭文化氛围不浓，而且把孩子的教育责任几乎全部推到了学校和老师身上。可想而知，在这样的家庭中，孩子怎能受到良好的熏陶和教养。我们的“书礼文化”教育，也是基于这个原因才开展的。2012 年，我们打算成立一个家教指导小组，为家长集体授课，接受家长咨询，教育问题孩子。只有家长的素质提升了，孩子的素质才能提高。

现在，每个家长都对孩子抱有很高的期望，都希望孩子发展得好、前途好，在生活上舍得为孩子付出一切，而在家庭教育上却不肯下功夫，甚至完全寄希望于老师和学校，就是帮老师在家里监督孩子完成作业、签个字都很有意见，总认为教育就是学校的事。其实，这实在是大错特错，父母亲的教育，是谁都无法替代的。

为了每个孩子都能健康、快乐成长，希望所有的家长都把爱带回家！希望幸福教育的春天越来越近！

三

孩子成长的秘密

有一个四年级的男孩生下来时父母就离异了，由姥姥抚养长大，他学习成绩很差，还经常撒谎、骗人。一次，老师严厉地批评了他。

他的姥姥不干了，找到我告状，数落了老师一大堆不是，认为孩子表现不好完全是老师和学校的事。我耐心听完她的倾诉和抱怨，看着六十多岁的她衣着光鲜，袅袅婷婷地走出校园准备去跳舞，一种无奈和悲凉的感觉涌上心头，为孩子，也为这位家长。

心理学告诉我们，人的成长受到四个因素的制约。其一是智力。这是父母遗传的，我们无法改变。其二是成熟。这是大自然在人类的进化过程中给予人类的密码，我们无法破译或改写。一个有名的例子是美国心理学家关于孪生子爬楼梯的实验。在实验中，一个孩子从出生后第 48 周起，每天进行 10 分钟的爬楼梯训练。到第 52 周，他就能熟练地爬上 5 级楼梯。另一个孩子从第 53 周开始才接受同样的训练。两周后，两个孩子都可以自己爬到楼梯顶端，而不需别人帮助。实验证明，对其中一个孩子的早期训练是无效的。其三是环境。教育家陈鹤琴先生说，凡是可以给孩子刺激的，都是他的环境。环境就像大染缸，孩子就像布匹，染缸是红的，就会染出红布；染缸是黑的，就会染出黑布。什么样的环境造就什么样的孩子，“孟母三迁”的故事我们至今仍津津乐道。其四是主观努力。道理很简单，即使你拥有良好的遗传因子、自然和谐的成长历程和优厚的物质条件，如果主观不努力，发展动机不强，没有积极向上的生活态度，甚至干脆什么都不做，最后只能是一事无成。

如此说来，学校仅仅是这四个因素中的一个——环境，并且是环境因素的一个方面。环境当然还包括家庭环境和社会环境。因此，如果家长把学校看成包治百病的灵丹妙药，看成保证所有孩子次次考 100 分的地方，看成大人物成长的唯一摇篮，就大错特错了。

随着孩子的入学和成长，孩子之间的个体差异变得越来越明显，有的孩子会出现习惯不好、注意力不集中、在课堂上坐不住、个性过强、易攻击他人、反应迟钝、做事拖沓、丢三落四等毛病。可是，仔细想一想，在上学之前，孩子是否已经表现出了这些毛病？

我不是替学校和老师打抱不平，或者推卸责任。学校自然有学校的职责，问题是如果我们不去了解这些，家长可能就会做出一些错误行为，在孩子成长的道路上帮倒忙。

只有老老实实地遵循人的发展规律，根据孩子的具体情况因材施教，才能把孩子教育好。我认为，学校的任务并不是把所有孩子都培养成像马克思、弗洛伊德、爱因斯坦、莎士比亚这样的伟大人物。只要把每个孩子的智慧发挥到极致，把每个孩子的潜力挖掘得极深，让每个孩子达到他应该达到的位置，让每个孩子拥有幸福人生，这就是办学的本分，这就是教育的哲学，这就是教育的成功。

三

向左教育学，向右社会学

一个孩子小时候得了耳蜗神经炎，虽然已经五年级了，但有时仍然抑制不住地抓挠耳朵。问题就出在这儿：他参加了学校的民乐团，在一次重要的演出活动中，由于控制不住自己不停地抓挠耳朵而影响了整个比赛成绩。为此，老师和家长达成一致意见：让他退出民乐团以示惩罚。

一年后，孩子强烈要求回到民乐团，主管民乐团的老师答应了孩子，但提出了一个条件：一般性的演出活动可以参加，而与竞赛有关的演出活动则不能参加。理由是怕影响了整个团队的演出成绩，使一百多个孩子拿不到获奖证书，进而影响他们升学。

于是，家长坐到了我的办公室里，情绪激动地诉说着老师对孩子的不公，甚至对主管民乐团的老师说三道四。等她平静下来后，我向她讲了这样一个道理。

从教育学的角度来说，我们让您的孩子参加演出活动是没有问题的，也是应该的。因为对孩子而言，重要的不是拿到获奖证书，而是参加演出的过程、成长的过程。然而，一旦教育功利化——演出与升学相挂钩，那么，不是问题的也就成了问题。从社会学的角度来说，主管民乐团的老师的要求并不是没有道理的，我们不能因为一个孩子的问题而导致全团的孩子拿不到奖，升不到理想的中学。在这样一个功利的社会里，其他家长对此也会有意见。

向左教育学，向右社会学——这就是中国孩子面临的实际情况。

但是，作为教育工作者，我还是强调教育学的角度。我们可以用智慧解决这一问题，而不能限制孩子参加任何演出活动。我们可以在演出前观察孩子的情况，评估他是否能够完成自己的任务。如果孩子认为自己控制不住自己，可以选择退出，等待其他机会；如果孩子认为自己可以参加演出，而在演出现场却出了问题，我会跑到台前向每一位评委送上一封信，信上写着："我们知道这个孩子会影响整个演出活动，但还是给了他这样一个机会，因为对他来说，这是最重要的事。希望每位评委能够客观地为我们的民乐团打分，我们的民乐团是很棒的！"

听我说到这里，家长流下了眼泪。我相信教育学的力量。

三

找不到两片相同的树叶

几乎所有家长都希望自己的孩子能够考入知名大学，将来成为伟大的人物，像社会领域的马克思、精神领域的弗洛伊德、科学领域的爱因斯坦、文学领域的莎士比亚……这些人改变了人类的生活，对历史的进程产生了深远的影响，值得我们尊重和仰视。

再看看自己的孩子所表现出来的智力、学业、习惯、心理、个性等，家长心里先是失落，然后是伤心，最后是愤怒、放弃……人一旦心理失衡，就会忘记辩证分析，就会片面指责学校、体罚孩子。我们经常可以见到这样的家长。

世界上没有两片相同的树叶。如果您非要去寻找，那么只能是徒劳无益的。生活告诉我们，孩子是千差万别、性格各异的。世界上没有两个相同的孩子，即使一对孪生兄弟也不相同。我们不要指望一个班四十个孩子都一样，考试中有第一名，便有第四十名。

可我们做家长的却不明白这一点，我们感觉自己的孩子如此聪明，为什么不能事事争做第一？

首先，我要问问：你们夫妻在周围人群中是不是最聪明、最有智慧、最有创造力的？如果答案是否定的，那么我们就不应该对自己的孩子“异想天开”。其次，从孩子出生开始，您是否注重优生优育？孩子 3 个月的时候是自己躺着还是大人抱着？孩子 6 个月的时候是否有过坐的经历？到了 8 个月时，孩子爬过很长的路吗？孩子开始说话时您是否给予过他一定的刺激？孩子在幼儿园时您是否给他“恶补”过许多无用的知识？等等。一切违背人的自然发展规律的行为，都将影响孩子“成熟”的过程。请问：您做过吗？如果做过，自己先检讨，而不要一味指责孩子。最后，从孩子睁开眼睛观察这个世界起，您给予了他一个什么样的环境？是夫妻恩爱还是天天争吵？是孝敬父母还是对父母针锋相对？是把孩子扔给老人任其娇惯、溺爱，还是自己陪同孩子、教育孩子？是与孩子民主相处、相互尊重还是采用专制、暴力的手段？与人相处时是宽容还是小肚鸡肠、斤斤计较、贪小便宜？……父母是孩子的第一任老师，孩子就是父母的影子——是孩子的第一任老师深深地影响并塑造了孩子啊！

在长安街西延线、靠近八宝山的路边，有两棵银杏树，估计生长了几百年，金色的叶子在秋阳里熠熠闪光。我路过此地时抬头发现一树繁叶，然后捡起落在地上的几片叶子，发现每片叶子都不一样。在这几百年里，它们就这样一直点缀着古都的秋日。愿我们能把千差万别、异彩纷呈的树叶养育得更美丽、更缤纷、更精彩！

三

心平气和做家长

任彦申先生曾经在北京大学工作过，后来调到江苏省担任省委领导近十年，再回到北京。两相对比，于是，他对北京人有了自己的看法。

最近，任彦申先生继《从清华园到未名湖》后又出了一本书，叫《后知后觉》。他说：

> 如果你从北京来到南京，会强烈地感受到政治氛围和思维方式的不同。
>
> 北京不愧是全国的政治中心，北京人的政治思维发达，政治嗅觉灵敏，政治热情高涨，怀有“以天下为己任”的强烈社会责任感，一个普通市民也像个政治家，“风声雨声读书声，声声入耳；家事国

事天下事，事事关心”。

而江苏人则不同，他们经济头脑发达，建设意识和务实精神很强。江苏人对政治事务也关心，但主要限于一般性的了解，自己弄个明白也就是了，往往敬而远之，不会动心动情地去争论，更不会冒冒失失地去参与。

我在山东工作的时候，出差进京，坐出租车与司机搭话，别看那司机普普通通，他们往往一张口就谈政治，谈国事。我觉得好奇：北京人人都是政治家！

现在我作为一个新北京人，接触了大量平民百姓，也有了更多感受。据说北京人一个最大的特点是脾气火暴——像爆仗一样点火即着。

昨天在分校上完课回到本校，在门口，治安队长告诉我：“有个老爷子，非要进入警戒线接孩子，我们不让他进来，他就火了，骂了我们，还要找校长算账。我们得告诉您……”

我笑了笑。

进入校园后，有老师告诉我：“因为接孩子，两个家长打了起来，一个开车，一个骑车，其中一个家长蹲在车前不起来……”

我又笑了笑。

走在大街小巷，经常见到北京人因为一点儿小事而不依不饶、争来争去。

我在想：北京人为什么脾气火暴？除了气候干燥、生活节奏紧张、工作压力过大，还有什么？

我赞同任彦申先生的分析：“北京人的政治思维发达，政治嗅觉灵敏，政治热情高涨，怀有‘以天下为己任’的强烈社会责任感，一个普通市民也像个政治家。”

所谓的“政治家”，往往喜欢管别人、管闲事，容易以自我为中心，一点儿小事“不合朕意”，往往就火冒三丈……

我们在《北京玉泉小学发展纲要》中提出："造就'德如玉，智如泉'的玉泉学子，通过'小手拉大手'活动，影响家长，影响家庭，进而影响社会，达到改造家庭、改造社会之目的。"

任重而道远哪！

三
老师与家长的冲突问题

在孩子健康成长的过程中，老师和父母宛如速滑时两只脚下的轮子，缺一不可。

好多聪明的孩子，本来都在一条线上速滑，但后来的发展却很不相同，有的甚至很不理想。我仔细观察，发现他们主要在两个时期出现了分化，一个是小学三年级，一个是初中二年级。智力水平基本相同的孩子，为什么会出现分化？答案是非智力因素出了问题。

影响孩子发展的非智力因素主要有四种人际关系——师生关系、亲子关系、伙伴关系和家校关系。而家校关系直接影响孩子人际关系的健康发展。我接触的大量个案表明，老师与家长之间的冲突是影响孩子人际关系发展的一个普遍的、重要的原因。

父母把孩子送到学校，交给老师，孩子就成了学生，老师和家长自然就建立起了合作基础。本来，老师和家长合作的目标、方法、评价应该是一致的，但由于文化水平和个性等方面的差异，老师和家长的想法与做法各异，导致影响孩子发展的非智力因素出现问题。然后，家长和老师便开始相互抱怨、指责，家校冲突不断，最后倒霉的是孩子。

最常见的家校冲突表现如下。

有老师说："你家长不是难缠吗？不是不讲理吗？不是不配合吗？好

哇，我手里有四十多个孩子，也不缺哪一个。你的孩子，你自己看着办吧。”于是，老师因惹不起家长便不再管教孩子，这让孩子在学校里慢慢地被边缘化。

有家长说：“你老师事多、要求多，写作业是家长的事吗？辅导是家长的事吗？社会活动是家长的事吗？好哇，完不成的作业，我帮着写；课外实践活动我帮着作假……”于是，家长在孩子面前抱怨老师、指责老师、批评老师。这让孩子也感觉老师不好，不愿去学校，在学校里慢慢地被边缘化。

老师和家长，就像速滑时脚下的轮子，少了任何一个，都会影响和制约孩子的发展。

三

让“家校联合母舰”起航

我到美国访问时，在一所小学里待了几天，发现那所学校的家校关系相当和谐。有一节美术课由两位家长给孩子们讲油画的技巧，老师则在一边观察和记录。他们的孩子中午一律在学校就餐，但学校只有一间小小的餐厅，300 个孩子不能同时用餐，只好根据不同的下课时间，轮流进去就餐。负责孩子们就餐的只有三个人，他们都是家长，在学校做义工。陪我访问学校的戴维先生，他的三个孩子都从这儿毕业，好几年过去了，戴维先生与校长、老师还是很熟，见了面就像老朋友一样。

美国倡导老师和家长是伙伴关系。这种关系很重要，直接决定了孩子的社会性发展。

反观中国，家校关系始终是一种非正常的关系。家长指责老师、老师抱怨家长的事情频频发生。我是非常注意将家长引入校园参与教育教学的。做校长这么多年，调停和处理了大量的家校矛盾和冲突。

按说，学校、老师和家长的目标是高度一致的，都是想方设法把孩子教育好。世界上没有任何一种人像教师那样，恨不得把自己的知识、智慧全部奉献出来，教给孩子。世界上也没有任何一种人像父母那样高度关注孩子的成长。然而，当老师和家长怀揣共同目标走到一起的时候，却不是伙伴关系，而是形同路人，甚至还相互指责、抱怨……

为什么东西方的家校关系差距如此之大?

在美国，某个社区要建设学校，就由这个社区的居民（其实是家长）成立学校董事会，由学校董事会聘任校长，由校长聘任老师。学校的办学经费，不是政府拨付的，而是来自社区房产税。也就是说，是这个社区的居民直接养活了学校。在这样的学校里，校长和老师必须为这个社区的孩子提供优质服务，否则就会被解聘。

中国的学校，则是政府利用税收直接举办学校，任命校长，录用或调入老师。也就是说，家长与学校的关系并不直接。这必然会导致学校和家长看问题的角度不一致，想法不一样，处理问题的方式也不一样。久而久之，家校关系便不那么和谐。

家校关系不和谐，直接受到影响的是谁？是孩子啊！是一个个家庭啊，是我们民族的未来呀!

所以，老师和家长必须心朝同一个方向，必须沟通、交流，必须团结起来。

关于家校关系，我的观点是：校长和老师是专业人士，他们更具有教学的话语权，更具有对孩子的教育权，家长在孩子成长的问题上应该多倾听专业人士的意见；家长是孩子的监护人，在孩子的生活上应该提供有力的支持，同时积极配合学校和老师的教育教学。

不论老师还是家长，但凡是人，都会犯错误。犯错误不可怕，可怕的是在错误的道路上越走越远。在指责、抱怨、辱骂他人，甚至侮辱他人的人格时，我们要想一想：是不是我们心中已经没有了他人，只剩下我们自己？

千万不要忘记坐在我们的船上的“客户”是我们的孩子！

老师和家长就像是一艘船上的水手，我们的第一要务是打造一艘家校联合的航空母舰。让我们手挽手、肩并肩把孩子们送到人生最美丽的彼岸！

三

给家长的一点教育忠告

又是秋高气爽的时节，孩子们新学年的教育生活开始了。

看到孩子们忙碌的身影，看到老师们忙碌的身影，也看到家长们忙碌的身影，我常常想：我们虽然忙碌，但这种忙碌有多大价值？如果我们不计算投入与产出的关系，不讲究教育的效益，那么，我们又为何而忙碌？或者说，我们应该给孩子们一种什么样的有价值的教育生活？

美国教育大师杜威说，教育即生活。教育绝不仅仅在课堂教学中，更多的是在日常生活中。我曾到英国伊顿公学考察，当时天气很冷，孩子们仍一律使用冰凉的水洗漱。假如我们也像伊顿公学一样，冬天让孩子们用冷水洗漱，家长会同意吗？在日本北海道的学校参观时，我看到孩子们穿着单薄的校服在雪地上行走。要是我们的孩子，还不得穿得像皮球一样！在日本京都的浅草小学访问时，雨下得很大，我站在学校门口，看到小学生独自撑伞走在车水马龙的大街上，没见一个家长到学校去接。而我们的家长呢？恨不得把汽车开到学校里面接送孩子才放心！当我们赞赏日本的电器、汽车、动画片以及日本人的敬业精神、智慧和创造力的时候，不要忘了，这个国家是怎样对孩子实施磨难教育的。

我们正在自觉或不自觉地割裂孩子的生活与教育之间的关系。

苏霍姆林斯基曾经强烈要求小学举办学前班，这样不仅可以提前将孩子带入学习的领地，培养他们良好的习惯，更为重要的是可以将家长的教育工作做好。苏霍姆林斯基的实验非常成功，帕夫雷什中学的家校合作成为典范。在家校合育中，学校影响了家长，家长影响了孩子。其实，教育的最大困难在学业困难生和品行有问题的学生那里。每个班级总有四分之一到五分之一这样的孩子。分析和研究这些孩子，便会发现他们的问题大多来自家庭。学业困难的孩子，背后大多有不关注孩子，也不会管孩子的家长；易攻击别人的孩子，大多来自充满暴力行为的家庭；破坏公物的孩子，大多是从没有规矩的家庭里走出来的……

充满教育智慧的人，往往对孩子充满无限期待，给予热心支持，他们除了履行自己应尽的社会义务，陪伴孩子成长外，还想把孩子打造成社会的栋梁之材。

最可怕的就是不管孩子的家长。

亲爱的家长，您是哪类人士？不妨全家人一起坐下来，认真讨论讨论如何改进家庭教育！

三

我们的那些家长

一位老师告诉我，一个六年级的男孩上课时咬了他一口，他还撸起袖子让我看了血印。我了解到，不论谁惹了这个男孩，他一不高兴就咬人。咬人的孩子是怎么教育出来的？原来，是家长的原因：家长从孩子小时候就告诉他："谁要是欺负你，你打不过就咬他！"直到今天，家长仍采用这种教育方式。其实，正常的人际关系是在人与人正常的交往中发展起来的。正常的交往并不排除被同伴欺负的现象，孩子只有勇敢面对，才能健康地成长起来。使用咬人的办法，看起来当时不吃亏，其实却吃了大亏——这个孩子将来能够适应社会吗？

几十年的教育经历告诉我，问题孩子的背后大多有问题家长；同理，好孩子的背后大多有好家长。

有时候，从我的博客跟帖中，就可以发现一些好家长，虽然只知其言，未见其人。譬如，我们学校的校规要求男孩理平头、女孩留短发，虽然我在家长大会上解释了这样做的教育学道理，但仍有许多家长不理解，甚至提出反对意见。不得已我又写了《为什么是“平头”和“短发”》一文。有一位家长跟帖说：“支持校长的工作。我们已经剪完了。”这位家长落实得很干脆。我写了《幸福的“家”》一文，一位家长评论说：“每天早上送孩子，看着我那个‘一年级豆包’向您问候，看着您和蔼地回复，我都感觉相当幸福、相当感动。”这样理解和支持学校工作的家长，一定是好家长，因为他们明白，学校这样做一定是为了孩子好。

有一天晚上 7 点我走到学校门口，门卫说：“这是一位家长放在这里的纸袋子，说是给您的。”我打开一看，发现是两盒亮嗓茶，还有一张纸条，上面写着：“高峰校长，上次开家长会时，我发现您嗓子不舒服，特意送给您两盒茶。工作繁忙，您要注意保重身体——为了全校的孩子。”

我们学校是谢绝家长给校长、老师送礼的，直到今天我都不知道亮嗓茶是哪位家长送的。我想说的是，这样体谅、理解并默默支持学校工作的好家长，一定会培养出好孩子。

开发家长的教育资源

玉泉小学的学生家长，从中央机关工作人员到基层派出所工作人员都有，绝大部分在航天系统、国防大学、中国科学院等单位工作。来到北京当校长后，我的最大感受就是北京的家长资源太丰富了！

一是家长们特别注重孩子的发展，只要学校提出来，家长都会积极参与并支持。譬如，我们每学期三次的家校交流活动，几乎没有家长缺席。二是家长们能够理解教育，明白什么是最好的课程和教学活动。譬如，我们的十大好玩课程、国内外研学旅行课程、“小蚂蚁”科考课程、农场课程、学生社团课程等，家长们都是一呼百应。三是家长们高度关注学校的点滴变化，善于提出意见和建议。譬如，在我们组织的家长评价学校的活动、家长参与校园文化建设的活动中，家长们都提出了非常好的建议和方案。我向每位家长发放了自己的名片，公布了手机号、微信号和邮箱，家长经常发来信息和邮件，把自己对学校的感受和关注点提供给我。应该说，家校互动很有成效。

我们成立了家长委员会，与家长进行了有效的合作。家长委员会下设家长服务社，把那些上级禁止学校做而实际上又必须做的事情，譬如印制教辅资料，交给家长服务社打理。

我们开设校本课程，请许多家长进入校园当老师。譬如，请一位做科技服务的家长为孩子们开设了航模课。我们还招募了许多家长义工走进校园。譬如，请家长参与照看孩子的午餐和午休，以降低老师的工作强度。孩子们外出远足时，考虑到安全问题，请大批家长前往照看。还请家长帮助维持上学、放学秩序……哪里有教育发生，哪里就有我们的家长！

我到台湾时发现家长是学校办学的重要力量。他们的学校设有家长义工办公室，由家长轮值帮助学校开展工作。在东园小学，接待我们的是校长和家委会主任，因为老师们都很忙，抽不出时间来接待参访者。校长、老师和家长是合作关系，共同办好学校是他们一致的愿景和追求。

现在，由于有犯罪分子进入校园伤害孩子，所以我们的校门是紧闭的，家长走进校园似乎也成为一道难题。其实，这只是借口，实际上是害怕家长进入学校发现我们的问题。我始终坚信，这是办学不自信的表现。我们应该打开校门，把家长请进来，开发家长的教育资源。

2012 年，我们学校在校长办公室的隔壁设立了家长委员会办公室，并请家长剪彩。我盼望着家校真正地融为一体——这是办学的至高境界呀！

三

要等那朵花儿慢慢盛开

下午我接待了两位家长，主要聊他们的孩子的问题。我听出了这两位家长的孩子还不“优秀”的原因——家长们太心急了，恨不得孩子马上长成参天大树！

其实，这是不可能的。

一棵小树，要忍耐一个寒冬，到第二年春天才能抽出新芽。一个五年级的孩子，我们能期望他是一个优秀的青年吗？

评选“三好学生”时，我发现入选的绝大部分是女孩；我们的大队委、班干部基本上是女孩；参加比赛、演出拿奖的也基本上是女孩。在今天男女混校的时代，男孩成为校园里的“弱势”群体。是男孩不行了吗？不是，因为女孩的身心发展先于男孩，女孩明显懂事、明显乖巧、明显优秀，从而显得男孩懵懵懂懂，于是出现了“阴盛阳衰”的局面。

我到一些科研机构去访问，发现尖端领域、高难领域里多是男人的身影。男生不是不行，而是未到时候。

如果放眼人一生的发展，我们就会发现，其实小学时许多老师、家长太着急了：孩子就像冬天里的那棵小树，许多老师、家长却希望它在凛冽的寒风中发芽。

孩子会长大的，但需要慢慢长大。

教育是慢功夫，就像一场小雨，下三天，可以将土地润透。如果是六月里的一场瓢泼大雨，就几乎全都流到沟里、河里了，土地并没有湿透，庄稼照样干旱！

教育不能来急风骤雨，教育需要春风化雨。不要着急，不要焦虑，更不要发脾气，我们需要耐心等待，等待那朵花儿慢慢盛开，等待那花香四溢的一刻。

在浮躁的今天，我们特别需要学会慢慢等待。

Ⅶ

教育拒绝速度

三

教育拒绝速度

中央电视台新闻频道报道，美国一座有60年历史的大楼，准备炸掉。我从电视画面中看到，许多曾经在这座楼里上过班的人围在大楼附近，准备捡拾一块砖留作纪念。记者采访了其中的一位，他说："我在这座楼上工作了十几年，对它很有感情。今天，这座楼就要被炸掉了，我要为它送行，并带一块砖回去，留作永久的纪念。"

然而，让人始料未及的是，一声爆炸后，大楼居然安然无恙！几百名围观的人面面相觑，发出会心的微笑。

当时我想：就凭美国的军工水平，就凭美国的爆破技术，就凭美国人认真行事的作风，怎能炸不倒一座经历了60年风雨的大楼呢？

答案只有一个：他们的楼房建得太牢固了！

西方人建房子，总是慢慢腾腾，不温不火，白天施工，晚上休息停工，一座楼好几年才能完工。据说意大利的一座教堂，居然建了300年才彻底完工！

看看我们的建筑工地，不管是夏天还是冬天，不管是白天还是黑夜，365天，24小时，机器轰鸣，塔吊上下，人影浮动，车辆忙碌，一夜之间就能拆掉一个村庄，一夜之间就能高楼林立。

其实，干什么都是有规律的。譬如，建筑用的水泥，如果时间不足，就会凝固不好。违章修建的楼房，不要说爆破，就是小小的震动都可能会让它轰然倒塌。前几年上海的一座居民楼，盖起来还没有入住，居然就自己轰然倒塌了。这都是不遵循规律造成的恶果。

可怕的是我们建校舍、发展学校、推动教育改革也常常违背规律，追求速度。譬如，有一个拥有几百万人口的城市，教育局局长一声令下，要学习某所学校的经验，一夜之间，所有学校的教室四周全挂上了黑板。

诸如校舍安全加固限期完成、校车改造计划、教师支教、课堂推进模式、学制改变等，出发点都是好的，但没有真正从教育规律、学校实际和孩子的成长规律出发，效果并不理想。

十年树木，百年树人。如果我们急功近利，不顾规律，那么毁掉的就不仅是一些财产和生命，还有我们这个国家、我们这个民族。

让我们从良心和责任出发，从民族的担当出发，一点一滴，一张一弛，慢慢地来……

教育常常是出人意料的

暑假从北京回到山东，与原来的一位老领导闲坐，一起谈教育问题。其间，来了一位南方女老板，三十岁左右的样子，她袅袅婷婷地走进来，大大方方地落座，说也要谈教育。我很惊诧。据说，她拥有 20 亿人民币的身价。这位优雅的女老板说道：

> 我连初中都没念完，按说没有资格谈教育，但还是想说说教育的事。我小的时候，爸爸妈妈比较关心我哥哥的学习，对我基本上不管。因为和同龄的小朋友相比，我手脚不灵活，做事情慢，显得比较笨。每当我做得不好，譬如别人绣花绣得漂亮，而我绣得不好看时，妈妈总是说："我们女儿已经做得很棒了！"
>
> 一天我不知做错了什么，被老师罚站。放学回来后，我告诉了爸爸。爸爸先是叹了一口气，然后问："哪些同学受到了表扬？"我说："班长。"爸爸问："为什么？"我想了想说："她上课时总是背着手，认真听课，在老师面前十分乖巧；下课时也不出教室，发现

同学的问题就向老师打小报告。所以老师喜欢她！”爸爸甩了一下手说：“那不是优等生，不要学她！”

还没有读完初一，我因受不了学校的拘束，就辍学回家了。

我听明白了，这是一个没有接受过多刻板训练的人。然而正因为如此，她胆大心细，魄力过人，小小年纪就成了一个成功人士。

我的一位高中老师在县里做教育局局长时，告诉我，他曾粗略地统计过县里拥有500万元以上资产的企业家，发现其中90%是高中以下学历，初中没毕业的占了30%！

我们以为把更多孩子送进大学，就会培养出大批社会栋梁，但是，教育常常不是我们认为的那样。因为工厂车间一样高度统一的教育模式，可以培养出大批人才和劳动者，但也会抑制或破坏人的创造力。

我们喜欢那些听话的孩子，喜欢那些乖巧的孩子，喜欢那些打小报告的孩子；我们更容易惩罚那些特别的孩子、那些富有个性的孩子，也常常不理会那些独来独往的孩子。其实，那些富有个性的、不听话的、不乖巧的、特别难管的……总之，我们不喜欢的孩子，将来往往会做出令我们吃惊的事业！

三

学校是让孩子失败的地方？

我们感受到，目前的学校越来越成为让孩子们失败的地方。

这句话不是我说的，而是美国现代教育家约翰·霍特说的。他在总结自己十几年的小学教师生涯，观察和研究了几十个孩子后，得出了这样的结论。

我想，如今中国的学校起码有两点，可能会导致孩子们失败。

一是越来越陷入技术主义的课堂教学，让孩子们不会学习了。昨天傍晚，我在楼下散步，观察了几个一两岁的小朋友是如何学习的。其中一个小男孩不到两岁，正在蹒跚学步，他不停地探索周围的世界，感觉什么东西都是新鲜的、新奇的。他拿着一个玩具试图放到一个小洞里，反复试验了三四次之后终于放了进去。然后他非常满足地站起来，伸手去够一个篱笆的圆顶，一次，两次，终于够到了。然后，他又去探索下一个在大人们看来毫无意义而对他来说趣味无穷的地方……亚里士多德说，科学的产生需要三个条件：好奇、闲暇和自由。孩子的学习，同样需要这三个条件。然而孩子们来到学校之前，已经被幼儿园教得没有了好奇心与探索的勇气；到学校后，经过我们的严格训练和调教，又失去了闲暇和自由，终于不再愿意学习，不再会学习了，剩下的只是按照课程标准完成作业和考试。

二是我们的老师和家长常常贬低孩子，孩子犯一点儿错误，就耻笑、嘲讽、诅咒、挖苦、影射……让孩子觉得自己什么都不行。例如，学习不行，长相不行，交际不行，做家务不行，马虎，粗心，让家人为他受累……总之，孩子没有行的地方。他们还经常拿比孩子行的人刺激他，这种话更是时常挂在嘴边："看人家 ××，从不让老师和父母操心！"他们和孩子说话时态度十分强硬，几乎从不使用商量的口吻，经常使用命令式的语句，说话的音量经常达到 70 分贝以上。他们还经常当着同学或亲友的面损孩子、贬孩子，让他无地自容。

我们这些"经典"的做法，基本上就可以毁掉孩子了——使他信心丧失，脸面丧尽，终生一事无成。

别拿萝卜当咸菜

经济合作与发展组织每三年组织一次国际学生评估项目。这项考试以纸笔测试的方式检验学生的阅读、数学和科学三项能力，并让学生同时完成一项背景调查。

2009 年，中国上海首次参加这项考试，共有 152 所学校、5115 名 15 岁的在校学生参加。在全球 65 个国家和地区中，上海学生的阅读、数学和科学三项得分均名列首位。而美国学生的阅读排名第 17 位，数学排名第 31 位，科学排名第 23 位。考试结果经媒体报道后，引发热烈讨论，很多媒体大谈中国基础教育的成功，我手里的《上海教育》就以大量篇幅给予了报道和肯定。

那么，什么是成功的基础教育？

我认为，只有培养出合格公民、创新人才的基础教育，才叫成功的基础教育。打个比方，就像一条长河，截取它的一个断面来测流量，以计算它的总流量，这一定是不科学的，其结果也是不真实的。

上海学生在国际学生评估项目中考得很好，但他们将来的公民素养、创新能力和国际化水平，是不是能够名列世界前茅呢？君不见，虽然美国学生阅读排名第 17 位，数学排名第 31 位，科学排名第 23 位，但他们到了社会上实力依然可能是世界第一呀！

基础教育，重点在基础，这个基础包括学生人品、心灵、情感、知识、智慧、能力、社会性等。在最重要的基础时期，我们应该把人生的这些基础夯实，这样才能培养出合格的公民。可是我们将这些基础夯实了吗？

我们都在忙着夯实其中的一个——分数。如果我们盲目乐观，夜郎自大，沾沾自喜，将来我们民族的大厦就不坚固。

请不要被外国人忽悠了，别拿萝卜当咸菜！

三

谁“杀死”了这个少年

《羊城晚报》登载了这样一个案例。

陈森家住陆丰市南塘镇，从小调皮捣蛋，成绩一塌糊涂，但在小学五年级的一次考试中考了及格，从此像换了个人似的开始“疯狂”学习。从小学升入初中后，陈森的数理化和英语成绩均在班里名列前茅。

中考前的一个夜晚，由于陈森睡觉时没打干净蚊帐里的蚊子，父亲狠狠地揍了他一顿，还说了“你不要再读书”之类的气话。陈森当时差点儿离家出走。结果，“学习尖子”陈森中考考砸了，距龙山中学的分数线只差几分。

后来家里人交了6000元择校费，陈森成了龙山中学一名编制外的学生。不过他家距学校20公里远，而择校生又不允许住校。他去当时兼任保卫股股长的副校长林群生家里说情，找了七次都没找到，第八次去时遇上了林群生的妻子陈某，留下一袋水果和一个装有400元的红包——那400元是他的生活费。

不料事后林群生依然语气强硬地拒绝了陈森。陈森心里纳闷：“究竟他老婆有没有跟他提起我的事情啊？”在校外租房住了一年之后，一次，陈森经过林群生家所在的宿舍楼时遇到其妻陈某。于是他上前问陈某：“你究竟有没有跟你老公说起过我托你办的事情啊？”

那时正是上学时间，陈某叫陈森到家里说话。上楼后两人开始发生争吵，陈某要推陈森出门，被陈森一把推开。结果陈某跑回厨房拿了把菜刀冲出来，陈森顺手从客厅里操起一把水果刀跟陈某对打，后来陈森夺下陈某的菜刀，又把她砍倒在地。陈某被砍死，事后陈森逃离林家。

陈森目前被关押在陆丰市看守所，面临故意杀人的指控。这个案例告诉了我们什么呢？

首先，老师的不作为导致陈森的心理发展畸形。

从“数理化和英语成绩均在班里名列前茅”来看，陈森不是一个笨拙的孩子，但由于老师不作为，没有及时帮助他纠正“调皮捣蛋”的行为，使他成为问题学生。直到在五年级的一次考试中偶然及格，陈森信心大增，开始“疯狂”学习。显然，在长达五年的时间里，如果老师实施赏识教育，让陈森哪怕体验过一次成功，也许都会改变他的人生轨迹。根据多年的教育经验我可以判断，陈森在12岁之前一定饱受老师和同学的批评、嘲笑、挖苦等，他的心理一定出了许多问题。显然，学校教育是不全面的，为陈森杀人埋下了伏笔。

其次，家长的无知与教育方法不当导致陈森的情感发育出了问题。

陈森的家长不仅无知，而且教育方法存在严重的问题。这种家长不懂教育，不懂孩子，也不会与老师沟通、商讨。陈森五年多“调皮捣蛋”，家长似乎没有关注过。临近中考时，家长不仅不为孩子着想，反而因为一两个蚊子差点儿把孩子打跑了。显然，陈森在这样的家庭里没有得到应有的关爱，根本没有做人的尊严，情感发育出了问题。

最后，社会的潜规则与腐败风气导致陈森崩溃。

即便小学老师不作为，家长无知且教育方法不当，陈森若好好地读书，也可以成为一个优秀的少年、良好的公民。然而，渗透到学校中的腐败社会风气，继续推动他走向杀人之路。学校收取6000元借读费，却不为借读学生着想，解决他们的住宿问题，副校长和他老婆收下陈森的400元钱（这一行为已违反教师的基本职业道德和社会良知）却不办事，最终导致陈森杀人。

少年杀人谁之过？孩子有错，但学校、家庭和社会的过错可能更大。

其实是教育的悲剧

合肥工业大学校团委副书记陈刚留下遗书后自杀了。据清华大学的崔和平教授统计，高校教师和学生的自杀率相当高。青年才俊陈刚又是一个例证。

陈刚有着短暂却绚烂的人生履历。

> 1998 年合肥工业大学本科毕业并留校任教，之后相继获得硕士研究生、博士研究生学位。
>
> 2008 年担任校团委副书记，其间，校团委成为获首个安徽省级奖励的学生支部、安徽省首届人才工作先进单位。
>
> 2010 年上半年在东南大学挂职学工部副部长。
>
> 2011 年 3 月在所有校领导参加的竞选团委书记答辩中排名第一，3 月 23 日午时自杀离世，年仅 34 岁，党龄 14 年。

不论陈刚在遗书中陈述了多少自杀的理由，我都是坚决不赞成的。

生命是宝贵的。一个杰出青年，家庭、社会培养了那么多年，花费了那么多钱和心血，寄托着那么多希望，能说自杀就自杀吗？

人是要担负社会责任的。一个人自杀容易，但父母谁来供养？妻子、儿女如何生活？

看看陈刚的简历，我们可以推测他一路上学、读书，少年得志，金榜题名，恐怕没有吃过什么亏、受过什么累、遭过什么难。所以，他的抗压能力没有得到锻炼，在面对社会的压力时，他选择一死了之。

这是情感出了问题。说到底，是中小学教育出了问题。如果不改变目前的教育现状，陈刚式的悲剧还将继续发生。

从大到小看读书问题

有一年5月，我受命为创办的学校选拔21位在编教师。

在网上发布招考消息后，有600多名大学毕业生前来报名。经过教育行政部门的资格审查后，确定200人参加综合考试。为了考查大学毕业生的基本素质，我们对他们的读书情况进行了测试，有一道题目是："焦大醉酒是我国哪本书中的故事？这本书的作者是谁？"有相当一部分考生没有回答这道题，还有相当一部分考生回答："出自《水浒传》，作者施耐庵。"

拿着这样的答卷，我心里十分沉痛。这些考生经过中小学、大学长达16年的培养，竟然没有读过《红楼梦》！亲爱的小学校长们、中学校长们、大学校长们，我们是不是失职了？

针对音乐专业毕业的大学生的一个问题是："请解释《白毛女》。"有考生回答："是舞台歌剧，讲述的是丈夫去建筑长城，一去就未返回，妻子苦苦等候没有消息，便前去寻找丈夫，最后没有找到。妻子因对丈夫十分思念，一夜之间白了头发。"

如果说中小学的应试教育毁了孩子们，可是他们到了大学，学了四年音乐课程后还不知道《白毛女》为何，大学校长们，我们是不是失职了？

教育是有用的

李振村先生曾在报告中讲过这样一个故事。

2001 年，年仅 20 多岁的小丁与丈夫从北京南下上海创业。彼时，小两口赤手空拳，无房，无车，无资金，无资源。就在这样一种状态下，小丁与丈夫选择了颇为前沿的领域——计算机数据恢复，开始了在上海的奋斗历程。在各类人才汇集、竞争激烈的国际大都市，奋斗不足十年，小丁现在的状况如何呢？她的公司已经开始筹备在香港上市了！

如今的小丁已成为地地道道的“丁总”，事业辉煌，前程无限。

说到这里，需要说说小丁的学历。在这样一个高科技领域里打拼出一片天地的小丁，不过高中毕业而已！她迄今为止未受过任何形式的高等教育，包括函授、夜大、自考之类。

从小丁身上，我们似乎没有感受到教育的力量。

关于教育有用还是无用的命题，让我想起了国际 21 世纪教育委员会向联合国教科文组织提交的报告——《教育：财富蕴藏其中》。

这个报告提出了教育的四个支柱——“学会认知”“学会做事”“学会共同生活”“学会生存”。其实，“教育”这个概念，是指人不断学习和成长的一种状态，也就是“Learning to be”。海德格尔的存在主义哲学认为，人始终是未完成的。

教育即人生本身，这与杜威的观念——“教育即生活”是一致的。

而在中国，人们往往将教育理解为“学校教育”。这种理解是片面的。

我发现，高中毕业的小丁虽然没有读过大学，但她一直在不断地“Learning to be”。她的成功，恰恰证明教育是一种财富——教育是有用的。

学校教育很重要，但它与人的成功仅有相关性，而无绝对性。

三

教育还没开始，就已经结束了

在教师大会上我多次重复过一个观点：我们做老师的，常常违背教育学原理却浑然不知，甚至固执己见，在非教育的道路上越走越远。

我说这话，是有深切感悟的。

今天，我看到一个学生的一篇作文，整篇都是他的道歉和他对自己行为的悔恨。原来，他参加了一个乐团，已经达到某种乐器八级的水平，但他小动作比较多，不大守纪律，有时很随意，在一次重要的演出活动中，由于头皮发痒停止演奏而影响了整个乐团的演出效果，指挥老师很不满意，回来后他被请出了乐团。家长知道后，他又被狠狠地骂了一通。

乐团演出固然重要，然而，孩子的成长更重要。当我们把孩子当作成人看待（成人可能会坚持住不挠痒）的时候，其实教育已经结束了。

孩子是未成年人，是经常犯错误的人，所以让他们待在学校里可以让他们不断地犯错误，然后不断地改正错误，从而走向理性和完善，适应社会的要求。如果我们不让孩子犯错误，学校就会失去存在的价值。

昨天我约谈了一位外聘的老教师，因为她有体罚学生的嫌疑而被家长投诉。她向我解释与家长发生不快的原因，说："你看这三个孩子在黑板前摇头晃脑的，就这样调皮，家长还嫌我有问题！"我听了只是笑了笑，没再说什么。因为当老师与几个二年级的小朋友叫板的时候，其实教育已经结束了。

前几天，几个调皮的五年级男孩课间偷偷摸摸地把粪便抹到了卫生间的墙上，班主任老师气得不行，保洁人员也找我告状。当然，孩子做这样的事情，是绝不应该的，但我们可以通过合适的方法让他们懂得什么是不文明、不优雅的事情。我们要允许孩子犯错误，甚至允许他们犯五花八门、我们无法预料的错误。当我们不允许孩子犯错误的时候，其实教育已经结束了。

我们从师范类院校毕业，从教多年，天天与孩子打交道，理所当然地认为自己很懂教育。其实，在旁观者看来，我们的行为常常背离了教育规律。

记住：当我们把孩子当成成人的时候，当我们与孩子叫板的时候，当我们不允许孩子犯错误的时候，其实教育已经结束了。

教育是玩出来的

在教育发展史上，以英国教育家斯宾塞为代表的一派坚持认为，教育的目的就是为孩子将来圆满的生活做准备，所以他们设计了完整的课程体系和教学方法。他们认为，为了孩子的将来，可以对孩子的心灵和肉体实施严厉的惩罚。

美国实用主义教育家杜威对此表示坚决反对，他认为学校即社会，教育即生活。他坚持认为，教育就是对孩子生活经验的改造，教育就是孩子成长本身，学校对孩子来说并不是唯一的和最重要的。

一天，我到清华大学附属小学参加北京市海淀区组织的小学校长沙龙成立大会，会议邀请了中国教育学会会长顾明远先生出席并做演讲。他说："今天的小孩已经没有了小孩的生活。我们小时候，打打球，玩玩泥巴，甚至在草地上打打滚。现在的小孩基本上在学校、课堂、辅导班、网络、电视里长大。教育是玩出来的，杰出人才也是玩出来的。'钱学森之问'之所以提出，其实就是由于我们没有培养出创新人才。小孩子不会玩，我们就很难培养出创新人才。"

今天，我们基本上摒弃了斯宾塞，力图向杜威靠拢。但我们常常只是在口头上赞同杜威之说，骨子里传承的却是斯宾塞的衣钵。所以我们从课程标准到课堂教学模式，还是把知识体系作为孩子发展的核心，为孩子中考、高考和将来的就业做准备。

教育绝不仅仅是这样，教育应贯穿在孩子成长的过程中，不论孩子是否在校园里。一个在马路上乞讨的孩子，依然在接受一种教育，因为生活本身就是教育。

其实，不仅是玩，吃、喝、穿、睡、行样样都是教育的重要组成部分。

国庆节期间，我们开展了两门校本课程——科技发明节和旅游节。

科技发明节是让孩子动手制作充满奇思妙想的作品。节后我们收集了很多作品，我在二年级的楼道展台上发现了一个利用巧克力盒制作的风车，打开电钮风车便飞速运转，富有创意。

旅游节就是让家长带着孩子外出旅游，要求孩子走进大山和森林里采集树叶，制作标本，并上网查资料做出说明。我看到许多作品虽然制作粗糙，但是价值很高，因为没什么比孩子的智慧更值钱！

在今天这样一个社会里，考上好大学才有好工作，所以学校教育是必需的，上辅导班也是必要的；但这些不是教育的全部，教育还应包括孩子的吃、喝、穿、睡、行、玩……

Ⅷ

在世界乱哄哄的地方

三

在世界乱哄哄的地方

即使像北京南站这样的现代化公共场所，里面也是一派乱哄哄的景象。这样乱哄哄的地方有很多，像农村的集市，城市的超市、机场、码头，还有各类会议室……还好，这些地方都是我们偶尔经过的，再乱也能忍受。而世界上有一个乱哄哄的地方，要乱上一两年，甚至更长时间，我们不仅要忍受，而且必须接受。

这个乱哄哄的地方，就是我们的小学校园。

看看我们的孩子：他们从来不好好走路，一抬腿就跑，老师经常在后面喊“慢点儿，慢点儿”，他们依然跑着；他们经常丢三落四，不是丢了课本就是丢了帽子，不是落在家里就是忘在学校里；他们不分场合地说笑、打闹，你推我，我搡你，很难安静下来；他们哪里危险就到哪里去——爬树、上墙、躲进厕所里不出来……每所学校的一角，总是挂满校服、小黄帽、红领巾、笔盒甚至书包等。我早上站在校门口总能看到几个家长急匆匆地赶到学校来送书或作业本。

这种乱哄哄的景象，我们做老师的要忍受一生。

然而，正是在这种乱哄哄的景象里，孩子们慢慢变得优雅、文静、风度翩翩。

这就是教育。

我们已经习惯了这种乱哄哄的景象。我们能从中听到生长和拔节的声音，我们能从中看到孩子们身上的真、善、美。这已经成了我们的生活方式。

寒假开始了，校园里静悄悄的，没有了乱哄哄的景象，真的，心里空得慌。

三

有一所学校就足够了

回山东过年时，我碰到了原来学校的一个学生，他已经读高一，个头高高的，超过了我一头。我想起了刚上学时的那个小不点儿，放学后他不肯回家，在校园里撒欢儿。孩子的家长告诉我："前几天我们准备去北京找您。"我问什么事，她说："还记得小 S 吗？就是天天跟我的孩子在一块儿的那个小男孩，到了高中，家长的话不听了，老师的话也听不进去——谁都说服不了。他的父母跑来找我，要我和他们一起到北京找您，因为只有您的话，对他还起作用。"

我笑了，一种幸福感油然而生。我当校长离开孩子这么多年后，我的话还能影响孩子，这对我来说已经足够了！

四年前，领导找我谈话，要我去接替教育局局长的位置。我坚辞不就，因为我觉得做好一个校长就足够了。

三年前，领导要我去接手一所中学。我坚辞不就，因为我觉得做好一个小学校长就足够了。

调到北京后，我继续做一个小学校长。

好多人问我："到了北京，有什么好处？"

对我而言，要面对一个新的环境，要适应一种新的文化，要熟悉新的老师，要发展一所新的学校；而挣的工资不一定比原来多，坐的车不一定比原来好，吃的饭不一定比原来精，认识的朋友不一定比原来熟。是啊，这对我又有什么好处呢？

其实，我的想法很简单，就是把自己的办学智慧"复制"到北京，在首都办一所好学校，让学校的老师拥有幸福的生活，让学校的孩子拥有幸福的童年和幸福的人生，以此证明幸福教育的价值和生命力。

所以，有一所学校，于我而言，就已经足够了。

三

我们还有多远的路程

我先后两次访问台湾，感觉台湾社会相当理性，台湾的中小学也相当理性。所谓理性，就是能够按照事物本来的面目和规律去运行。

台湾大约从1968年开始实施九年义务教育，大约在2000年左右人人都能上大学……现在，台湾大学的学位与入学者的比例为1.5∶1，即一个高中生有1.5个大学学位在等着他。

我看到一张台湾“教育部”的海报上这样写着：打造孩子未来的竞争力——12年“国民”基本教育。台湾从2014年8月起实施12年“国民”基本教育，做到高中教学正常化、适性辅导及品质提升，高中、高职全面免学费，高中、高职、五专适性教学，高中、高职、五专大部分免试入学……

这里给出的信息是：台湾从2014年起全面普及高中阶段教育。对台湾的孩子而言，竞争激烈的升学问题将一去不复返。

台湾教育之所以能够达到今天的水平，与其制度设计是相关联的。譬如，台湾的高中，70%是私立的，30%是公立的。政府并没有那么多资源，要普及高中教育，如何实现？一位校长介绍说，孩子读高中的选择余地很大。台湾的私立高中不同于大陆的民办学校，它是指法人实体、行业、协会甚至教会、寺庙等举办的学校，一般办学条件好，师资水平高，孩子愿意就读。孩子选择到私立高中读书，政府则把每年生均大约4.5万元学费拨付给私立高中。私立高中再根据办学需要另外收取一定的费用。这种灵活的办学制度设计，一是保证了孩子的自主选择性，他们可以选择公立学校，也可以选择私立学校，还可以选择适合自己的特色学校，从而更好地发展；二是保证了政府投入较少（不用建学校、养老师、增加管理成本），就能够普及高中教育。

我们参观了中台禅寺举办的小学和中学，学校坐拥半座绿山，办学条件好，师资水平高，课程很丰富，家校联系密切，连学校的房顶都是用铜制作的。

人往往只看到对方的优势。一天晚上，负责台湾课程研究的李老师拜访我，聊起了大陆教育和台湾教育的差异。她对我们的教研员制度大为赞赏，其实，她根本不了解这个制度的问题。她还说起教师职称制度，台湾没有，不利于调动教师的积极性，其实我们的职称评审也面临诸多问题。

台湾教育已经走过的路，对我们具有一定的参考价值。

三

从“痴迷”到“迷痴”的行走

最近碰到一位朋友，他说他利用过年的假期一口气读了20天书，没有串门访友，没有拜年吃喝……这位朋友，是一个天才似的人物。根据我的判断，他研究问题的深度、思考问题的广度，鲜有人能望其项背。其实，大凡成功人士，总是行走在从“痴迷”到“迷痴”的路上，他们对事情的“迷痴”，甚至到了让常人无法理解的程度。

《罗丹传》里记载了罗丹的一则逸事。一次，罗丹带着茨威格参观他的工作室，走进工作室看到一件人像作品，罗丹就把搭在上面的湿布扯掉，端详后皱着眉头说：“左肩偏了点儿，脸上……”说着，就开始工作，一会儿上前，一会儿后退……就这样，大约工作了一个小时，罗丹才微微吐了一口气，露出满意的神情。然后，轻轻地用湿布把这件作品覆盖起来。然后罗丹径自走出工作室。茨威格赶忙叫住罗丹。罗丹这才猛然想起他的朋友。显然，罗丹已把茨威格完全忘记了。

罗丹之所以能够成为伟大的艺术家，能够创作出不朽的作品，就是因为他行走在从“痴迷”到“迷痴”的路上。

其实，不论做什么，如果没有行走在从“痴迷”到“迷痴”的路上，便很难成就一番事业。

三

四海为家

什么是家？就是生你养你的那个地方。

那个地方，可能非常贫穷，让你饿着肚子长大。但那条巷子、那段土墙、那些草垛、那个场院、那种气味，已经与你融为一体，深深地埋藏在你的灵魂里，挥之不去，让你眷恋不已。

因为高考，你必然要走出生你养你的那个故乡。然后，你拥有了一份不错的工作，结婚，买房，有了一个家。但你分得很清楚，这是工作时临时的小家，生你养你的那个地方则成了老家。

不论你的小家多么整洁、现代、温馨，不管回老家的路途多么遥远、难行，过年的时候，你总是乐此不疲地赶回老家，去寻找乡音、乡情。我知道，只有在老家，在生你养你的那个地方，你才能回归真正的自我——仿佛回到光屁股的岁月，与当年的小伙伴用土话说着脏话和典故，肆无忌惮地哈哈大笑，或者骂骂咧咧地叫着乳名碰杯，一直喝到鸡叫头遍，才昏昏睡去，嘴角流着口水，做着甜美的梦。

原来我在山东东营工作，那儿有一个临时的小家；后来到潍坊工作，又有了一个临时的小家。除了特殊情况，每年我一般都是拖家带口回老家过年。母亲在世时，一挂鞭炮，一顿饺子，就是一段幸福的人生。母亲离开我们后，我对老家的牵挂越来越少了，但对老家的情感并没有疏远，还是回去、回去，从感情上觉得，那才是自己的家。

来到北京工作后，没有办法，还是要有一个家在首都，但依然要回老家去过年。

今年正月初八从老家回到北京，进入四环，看到熟悉的环境和车流，突然一股暖流传遍全身，一个念头蹿了出来：“哦，北京，也是我的家呀！”

原来，虽然调到北京工作，但总感觉像是来出一趟差，什么时候总要回到山东老家去，北京似乎没有给我家的感觉。现在我对北京拥有了家的感觉，脑海里又冒出一个成语，叫“四海为家”。

今天是元宵节，京城的鞭炮和礼花仍在炸响和绽放。不错，远行的人总是四海为家。

三

善良是流淌在人性中的血液

一个人天性善良，可能会默默无闻，但往往能平安、幸福地度过一生。我们身边总能见到这样的人。

我也认识一些进了监狱的人，他们可能因为倒霉，可能因为“擦枪走火”……但仔细想想，有一点是清楚的：他们的天性并不善良。

我去学校担任校长不久，某个街道要在学校边上盖楼房，就把学校的大门给挖断了。我们反映，我们抗争，我们准备向区委投诉……于是街道主任来了。在我的办公室里，那位主任把我“训”了半天，大意是：“学校大门挖断了又怎么样？不就是个破学校吗？”后来，这位主任做了区里某局的局长，因为贪污、受贿、泄密等罪名被判刑近二十年。据说此人在监狱里和探望他的朋友说：“我现在想明白了。”

学校、福利院等是一些弱势单位，天性善良的人帮忙还来不及，怎么会故意折腾他们？折腾学校的人，心地一定不善良。但愿这位“领导”在监狱里能够想明白，恢复善良的本性。

学校在西南角盖了一间大房子，准备给走读的孩子午休用。邻居因此事告到了市执法局，理由是大房子挡住了他们的风水。其实大房子距离他们的楼房还有大约 10 米远。据说领头举报的人有一个亲戚在执法局做事，所以执法局多次来到学校，要求拆除大房子。我们建议能不能协调一下邻里关系，总不能让孩子们没有地方午休吧。他们说主管的副市长已经签字了——强拆！于是，正月十五这天，执法局浩浩荡荡开来了车辆，组织了人员，把那间大房子拆掉了。正月十六开学，孩子们到学校看到狼藉一片，都哭了，老师们也哭了。

我劝慰他们说，自古以来，拆校毁庙的人都没有好下场。说那话时，这位副市长很是风光，大权在握，不可一世。我也只是说说而已。

到了 10 月份，我突然接到一个朋友的电话：“你知道吗？某某市长被省检察院带走了！”我回到学校上网查询，看到了对他的一片骂声——“大贪污犯”“大流氓”，等等。网上说，这个人自从担任要职起，平均每天贪污受贿近 1 万元，被查后家里的人民币都是成麻袋地往外搬，总数是一个足以判他死刑的数字。

我想，一个天性善良的领导者，怎能大笔一挥就把学校给拆掉了呢？总得想想办法，为学校做点儿好事吧。答案只有一个：这个领导天性不善良。所以，他也得不到好报。

善良，是一种血液，流淌在人性中。这个世界因为人性中流淌着善良的血液而美丽；而当人性中善良的血液不再流淌时，这个世界就很可怕了！

三

封杀农村孩子？

全国政协委员、北京中华民族博物馆馆长王平语出惊人："我们也不要鼓励我们农村的孩子去上大学，因为一旦农村孩子读了大学，就回不到自己的家乡，回不去自己的家乡就是一个悲剧。"

王平委员的说法，大致有这样两层意思。第一，农村孩子上大学之后，无论能不能在城里找到工作，都会离开农村。这对农村而言，便是人才的流失，从而导致农村文化无人传承，而城市里则多了一个蜗居的群体。第二，农民花钱供一个大学生上学，大学生毕业后却找不到工作，家庭还因此返贫，所以不一定人人都要去读大学。

其实，王平委员只看到了眼下社会问题的一个方面。

我出生在农村，成长在农村，虽然进了北京这样的大城市，但至今仍与农村保持着血肉联系。

我上大学的时候，一个班里农村孩子占90%以上；到我女儿上大学的时候，一个班里城市孩子占90%以上。

现在在任的县委书记、县长，乡镇书记、乡镇长，绝大多数都是农村出身，他们读了大学之后成为中国社会的中坚力量，他们了解农村，与农村有一种天然的联系，虽然他们的执政水平还有许多问题。然而，我很难想象，多少年之后，当我女儿城里的同学被分配到乡镇、县市"当家做主"的时候，会是一种什么景象。

我不是不相信城里的孩子。只是农村文化传统是流淌在一个人的血液里的，用针管子是打不进去的。

所以，我们还要办好农村学校，让农村的孩子考上大学，回去建设自己的故乡。

三

尊老即是尊己

如果一个人不孝敬自己的父母，我们是无法与之共事的，更不能与之结交为朋友。因为他连自己的父母都不孝敬，对别人又会如何呢？即使他暂时对你很好，也是因为有求于你而装出来的，一旦你没有使用价值了，就会将你抛弃。

从记事起，我就有两个爷爷。一个是大爷爷，是个白胡子老头，天天在家闲着，一脸慈祥和安定。一个是亲爷爷，黑脸膛，很健壮，经常外出干活，并且喜欢喝酒。一次大爷爷在做饭，我为了要蜂蜜喝，拉住大爷爷的风箱不让动，还哭闹。这时，亲爷爷从屋后走过，他扛着一把铁锨，朝我恶狠狠地吼叫。那时我五六岁的样子，这件事让我至今印象深刻。

我当时觉得奇怪：人家就一个爷爷，我为什么有两个？

后来懂事了才知道，慈祥的大爷爷并不是亲爷爷。我小的时候妈妈从五莲回到高密，看到这位近亲的大爷爷孤苦伶仃，无人赡养，就将他接到家里，当成自家的老人奉养起来。大爷爷一直活到 86 岁，离开这个世界时，父亲为他送终。

受母亲的影响，我们都是孝敬之人。

今年回老家过年。初二那天，一位我称之为“五哥哥”的老人到我家拜年。五哥哥独身一人，是五保户，70 多岁了，驼背，腰弯得厉害，脸都快要够到地面了。他骑着一辆三轮车过来，我们甚为感动。他与我的父母一直是朋友，在我小的时候给了我家许多帮助。我们坐在一起聊了许多，说起我故去的母亲的种种好处。

临走时，我示意爱人给老人 300 块钱。爱人给他塞进口袋里，他怎么也不要。我说：“拿着，拿着，买一点儿好吃的，算是我们的一点儿孝心。”

他感动地离去了。

我的心中充溢着一种满足，这不是怜悯或施舍，而是帮助一位老人后心中的那种幸福感。

能不能孝敬老人，是一个人人品的试金石。

孝敬老人，其实就是尊敬自己。

三

一位没有孩子的好爸爸

他没有孩子，可是心中始终装着孩子。

那时候，别说儿童自行车，大人的自行车也是奢侈品。在那个“鼓足干劲、力争上游、多快好省地建设社会主义”时期，谁还顾得上孩子？谁还能想着孩子？谁还会为孩子买儿童自行车？

一次到西欧访问时，他抽出时间专门到市场上买了三辆儿童自行车带回来，分给身边工作的同志的孩子，让孩子们在中南海的草地上尽情玩耍。

你已经猜到了，这位没有孩子的好爸爸就是周恩来总理。

在一个深秋，我到天津的周恩来邓颖超纪念馆参观，馆里就摆着这三辆自行车，样子十分陈旧。

我看到这三辆自行车，泪水淌了下来。

我想到了一个真理：只有心中装着孩子的人，才称得上伟大的人物。反之，不论他的官位有多高，权力有多大，金钱有多少，名声有多响，都算不上伟大的人物。

三

那些美好的情愫

"村长"李振村来北京出差，晚上我去宾馆找他聊天。

其间，爱人打电话过来叫我回去时顺路买一瓶甘草片。因为穿着运动服出来，身上没有带钱，我知道一瓶甘草片五六元钱的样子，于是拿了"村长"20元钱应急。

离开宾馆时，已是深夜11点。路过三家药店，都已关门。在玉泉路上，终于看到一家夜间营业的。一位50多岁的女士在值班。我通过窗口和她说要购买一瓶甘草片。

她说："甘草片是处方药，没有处方不能卖。"她见我在迟疑，就转身拿出一盒中成药，说："这种药效果还是不错的。可以买这种，它不是处方药。"

北京的初春天气还是很冷的。她慢慢撕下了粘贴在窗口上的不干胶，拉开窗子，把药递给我看。我拿在手里看看说明，觉得不错，就问："多少钱？"

她转过身看了一下标签："25块。"

我想，坏了，本来"村长"要多给我一些零钱，但我没要。我只好把药还回去，摸出20元晃了晃说："就带了20元，不够。"

她又转过身去看了看，说："进价22元。按进价也不够。要不，您先拿走用着，明天给我补齐也行。"

我说："好。明天我8:30前送过来。谢谢您了！"

走在路上，我的心中立即生出了一些感动。我想到了两个问题。

首先，甘草片是处方药，但在我之前工作的地方，是可以随便购买的，我从没有碰到过拒绝购买这样的事情。现如今，这样认真的人越来越少了。

其次，这位女士一定是觉得深夜11点多了还出来买药，肯定是病人急需。即使我钱不够，她也给了药。今天，大家都被“假冒伪劣”骗怕了，谁还相信谁？她应该也想到了，可能觉得大不了自己赔上5元钱。今天，这样好心眼的人的确不多了。

第二天一早，爱人正好到那边去，就让她给药店送5元钱过去还账。

回来后，我问：“给人家了？”

“给了。那个人正要下班，我问是不是昨天晚上有人从这儿取了药。那个人笑了，说‘正是’。又加了句：‘真准时啊！’”

我不认识这个人，也不知道她的家庭背景，但我相信，这样的人，家里一定有美丽、善良、向上的孩子。

三

女性，一所永远的学校

上周末，我们一家人去国家大剧院听音乐会。中国交响乐团演奏了一组舒伯特的协奏曲，这组协奏曲非常低沉、抒情、怀旧。我生长在农村，小时候没有机会接触交响乐，因此并不会欣赏，只是坐在那儿任凭音乐的小河静静地流过自己的耳畔。低沉、厚重、悠扬的曲子在大厅里流淌着，我沉入了遐思，脑海中就像在演一场电影。我想到了我的母亲和那些久远的日子……

我从农村一路走到京城，我想，母亲就是培养我的最好的学校。我的道德起点、阅读启蒙、人生智慧无不是母亲这所学校的教育成就。

周恩来是完美人格的化身。我在读他的传记的时候，发现他有一位了不起的母亲。邻居们打架斗嘴，都是找周恩来的母亲“断案”。你读人物传记时，往往会发现，传记人物的成长和他所取得的丰功伟绩，几乎都绕不过他的母亲的深远影响。

昨天我在学校办公会上说："明天是三八妇女节，一定要让全体女教师幸福一天！"今天早上，我们安排男教师站在学校门口，向每一位女教师献上一朵玫瑰花。我在一边观察，发现女教师们都是先吃惊继而笑容满面。我对着她们喊："人比花更美！"那边传来银铃般的笑声。

7:40，五年级级部组织了一个活动，邀请我参加。原来是女教师们向男教师们的"另一半"献花，其中也包括我的妻子。级部主任说："为什么高峰校长总是穿得干干净净、利利索索的？因为他背后有一位贤惠的妻子！……"我说："对，我们家里有一位优秀的'饲养员'！"

女性，一所永远的学校，我们男人永远都没有毕业的那一天。

三

校园的感觉

做校长久了，经验多了，就会生出一种对校园的感觉。不论哪所学校，只要走进去，我就能感觉出这所学校的品位。譬如，我会从一张不起眼的墙报一角看出这所学校的写字教学如何，我还会从孩子们的行为和眼神中读出这所学校的办学主张和教育实践……

开学两天了，我在几个校区转一转，看看、听听、问问、说说，我感觉到了玉泉校园的味道。

它是一个有序的校园。这两天我们没有急着做课间操，体育老师正在对孩子们进行训练，教他们如何走正、如何做齐、如何返回教室。今天我在庞大的做操队伍里转悠，看看孩子们的表现，我发现训练效果很好。我们必须确保校园有序，这样才能确保安全与效率。所以，有些事情不能着急，要先建立规矩，再去开展活动。有序而不忙乱，这是一种好校园的感觉。

它是一个安静的校园。经过一个假期的放纵，孩子们有些懒惰、放松了，把之前养成的良好生活习惯忘记了。开学后的第一个月、第一周、第一天，就要让校园安静下来。我们第一天、第一课、第一次广播，就对孩子们进行常规教育。孩子们的表现真好，校园里马上安静下来。这是一种高品质校园的感觉。

它是一个书声琅琅的校园。早上7:00我站在学校门口，到7:40左右我数了一下，有七八个孩子晚到。2000多个孩子均已进入教室，没有打闹的声音，没有杂乱的声音，教学楼里传出的是琅琅的读书声。走在走廊里，这种声音赏心悦耳，如天籁，如妙曲，如清音。这是一种真正的校园的感觉。

校园里的声音、校园里的味道、校园里的色彩、校园里的笑脸……这些都会形成校园给人的感觉。

我们的校园，感觉真好！

100天能做什么

今天是7月1日。

早上7:00我赶到学校，雨下得不小，路上行人匆匆，车辆拥堵。我撑着一把伞站在学校门口，迎接老师和孩子们。

此刻，人民大会堂里正在庆祝建党90周年。

忙了一天，晚上回家时已是华灯初上，我坐在公交车上想到了一个问题。今天是7月1日，如果从3月21日算起，我来到这所学校已经整整100天了。100天，我都做了些什么？

100天，大约是一年的三分之一；100天，从春天走进了夏天；100天，说长很长，说短很短。

100天，能做些什么？

一位同事跟我说："您来的那天，是一个顺子：3—2—1。"可不是，本来要早点儿到学校工作的，由于正值"两会"期间，党委会推迟召开，宣布校长任命的日子也推迟了，直到3月21日，海淀区教育工作委员会的领导和组织科的同志才到学校宣布任命决定。

在任命会上，我表态说，来到学校后要做好三件事：学习、服务和行动。

回想一下：100天，我都做了些什么？

100天，我体验了首都快节奏的生活，坐了大约50趟公交车，在学校里吃了80次午餐，在本校和分校之间穿梭了大约50次。

100天，我熟悉了119位新同事，并想尽办法为他们办一点儿小事，让他们开心、幸福、成长；在"校长有约"活动中，我约会了全体教师四次，赢得了一个"大众情人"的称号。

100天，我认识了1700个孩子，并在六一儿童节给每个孩子发了一个红包。

100天，开了一次家长会，还与一部分家长畅谈，给家长写了四封信。

100天，我到上级部门开了近20次会议，认识了许多领导和专家，了解了北京学校的运作方式，感受了海淀区教委领导如何关爱属下。

100天，我听了30多节课，参加了20个教学活动，到教师办公室办公8天，与80多人一对一谈话，基本掌握了全体教师的情况和专业水平。

100天，通过实施周工作计划和会议制度，规范和理顺了学校的运转流程，推进了工作，同时减少了对教学一线的干扰，提供了一个优化的教学环境。

100天，成立了教师决策团和教师代表大会主席团，通过了十几个规定、办法和操作程序，把决策的权力还给了教师。

100天，成立了学校文化研究院，全校师生参与研究和提取学校文化基因，征集了1000多份作品，召开高端研讨会，确定了学校“德如玉，智如泉”的系列文化。

100天，在充分调研、座谈、传承和创新的基础上，制定了《北京玉泉小学发展纲要》，提出了未来九年学校的发展路径。

100天，我还忙里偷闲写了80篇博文，在国家级刊物上发表了几篇文章，利用双休日给别人做了几次公益的学术报告。

100天，体重减了8斤。

…………

100天，说长很长，说短很短。100天里，我在不断地学习，更好地服务，积极地行动——一直在践行自己的诺言。

这是学习、服务、行动的100天，了解、访谈、研究的100天，快乐、充实、幸福的100天！

9月20日花絮

查 体

根据教委的安排，今天一大早我赶到北四环边上的教委保健所查体。原来在山东查体时，是到大医院，人满为患，需要排队，大家急急忙忙，有时我会因为怕浪费时间而早早回到学校。第一次在北京查体，感觉很清静，只有一百多位校长，医务人员的态度很好，很认真。

我的查体结果如下。

身体各项指标提高的：没有。

身体各项指标降低的：身高，比去年降了 0.01 米。体重 60 公斤，比去年减少了 5 公斤。去年是轻度脂肪肝，今年没有了，这可能是我来到北京的一个重大收获。

今天是我的生日

下午，召开了教师决策团会议。开完会，校务办主任给我抱来了一束鲜花，鲜花很美，香气四溢。可惜下班了，不能久闻。锁上门后，我忽然想起：谁送的花？为什么送花？我又打开门想看个究竟，却没有发现名片之类的东西。再问校务办主任是谁送的，他回答不知道。我忽然想起今天是我的生日。难道是妻子和女儿送的？

刚到家，我就接到了校务办主任的信息。原来是海淀教委的两位党政主要领导送的！

我心中大为感动，还是第一次接到领导为我的生日送上的鲜花。

孩子也不容易

爱人从中关村回来，顺便接我回家。她说："你坐到前面去，有个小孩在后面。"

原来是爱人同事的孩子，因为同事要开会，她帮着把孩子带回来。

孩子上车后一直在睡，睡了一路。

四年级的小孩子早上 5 点半被喊起来拖到车上，晚上 7 点多回家，真是忙碌的一天！

都说北京的大人不容易，孩子也不容易呀！

又见骑楼

第一次知道骑楼，是在 20 世纪 80 年代初期。那时，我正在大学念中文系，读了一位台湾作家的小说《永远的蝴蝶》。小说讲的是一个凄美的故事。台北的春季，飘落着细雨，“我”和恋人樱子在骑楼下躲雨。樱子要帮“我”到对面的邮筒那儿寄一封信，“我”站在骑楼里，看她打着小伞欢快地跑过去。突然，尖锐的刹车声响起，“我”眼看着心爱的人像一只蝴蝶一样飞走了。樱子并不知道那封信上写着：“妈：我打算在下个月和樱子结婚。”这是一个让人感到悲伤的凄美故事，留在了我的青春的印象里，让我记住了骑楼——一种让我感觉很奇怪的建筑物。

30 年后的今天，我在台北黄昏的街头漫步。年轻时的梦想，就是从青岛飞到台北亲眼看看这奇怪的建筑物——骑楼。

这是一个乍暖还寒的季节，雨淅沥沥地飘落着，台北被淹没在霏霏的雨里。看到青年人从眼前匆匆而过，我想起了 20 多岁时读的那篇唯美小说，那只飘走的蝴蝶和骑楼里那个张大嘴巴的男孩……

台北。黄昏。灯火闪烁。一对又一对恋人牵手而行。我走在骑楼里，透过雨帘，张望着台北，台北的灯火，灯火里的行人，行人中的恋人，恋人的故事，故事里的蝴蝶……

——阅读，年轻时的阅读，将在你的一生中滋养你的情愫。不是吗？我的骑楼！

三

学术与优雅

我曾经在机关工作过，然后到学校做校长、念硕士、读博士，因此我结识的朋友有两类人：一类是官员，一类是学者。

如果隔上几年不见，就会发现，做官员的退休后一般面无神情，衰老兮兮；而搞学术的退休后则依旧神采奕奕，满面红光。

山东省潍坊市教育科学研究院前副院长潘老先生，快七十岁了，还行走在学术研究的前沿地带，什么时候见到他，他都是宝刀不老。在北京、上海、济南等地，我熟悉的这样的“老青年”有很多。调来北京工作后，我联系我的导师、前中央教育科学研究所所长朱小蔓教授，想向她汇报自己的情况。打电话时我心里很忐忑，因为我知道教授年前又动了一次较大的手术。谁知那边一接电话，洪亮的声音马上就传过来，说正在云南开会研究情感教育问题。于是我心里窃喜：真是泰山顶上不老松啊。

学术让人年轻！

我一位朋友的舅舅从检察长的位子上退下来。我每次去看望他老人家时，他都义愤填膺地历数今天的贪官污吏，说到某些社会问题时，更是气得咬牙切齿。人退休了，就该颐养天年，如此怪癖，哪得心理平衡？哪得高寿？而搞学术的人往往畅游在学术的世界里，大凡在自由世界里过活的人，几乎都心静如水，波澜不惊，哪个不从容、不淡定、不幸福？一次到朱小蔓教授家里去看望她，她的爱人告诉我们：“你们老师经常捧书在厕所里读，读到精妙处，在里面大喊大叫，把我吓一跳！”

学术让人优雅！

今天，我们安排了一节语文研究课，本来我要和张斌博士一起议课，可是有一个活动需要参加，心里虽悻悻，但没有办法。下午赶回来时，全体语文老师正在讨论那节课，大家提出了一大串问题，张斌博士不断地与老师们互动，教室里一派热烈、浓郁的学术氛围！

在送张斌博士去车站的路上，他感慨万千：“我今天算是真正感受到了玉泉教师队伍的优雅！”

年岁不饶人

今天是 2012 年的第一天——元旦。

我坐在那儿冥想：去年的今天我在哪儿，做什么？前年的呢？大前年的呢？再往前呢？想着想着，就想出了几十年的光阴。

年岁不饶人！

这个世界上，最硬的不是金刚石，而是人的嘴——打死也不说的人很多，把秘密带进坟墓里的也不少。这个世界上，最厉害的是时间，不论多么硬的嘴，都会被时间消磨掉——亚里士多德厉害，拿破仑厉害，但他们都要离开这个世界。

“年岁不饶人”是老百姓说的，我打小就听过这句话，但是对它没有什么感悟。今天，回忆这些年在哪儿、做什么时，我发现真理往往在草根百姓那里！

人生是以年头来计算的，活了多少年，人生的长度就是多少。而人生的价值不是凭年头计算的，不看人生有多长，而看生命的意义有多大。

所以，不要看我们一生度过了多少个元旦，而要看每一个元旦的价值如何。

今天北京阳光灿烂，西山隐约可辨。远处不时传来鞭炮声，有一些过节的味道了。

是的，又是一年。

年岁不饶人，人也不要饶过年岁。一个人生命的长度是一定的，他所做事情的数量和质量就是他生命的价值。

三

研究是幸福的因子

只要是职场中人，就会面临一定的工作压力。有的人会被工作压力压倒、挤扁——痛苦、抱怨、抑郁、影响家庭生活，甚至自杀……而有的人，则是另一种状态。譬如，今天在北京演讲的美国优秀教师雷夫，他坚守在五年级的一间教室里，每天早上 6:00 到校，晚上 6:00 回家，已坚持 28 年，送走了一批又一批原本有问题的学生，仍没有职业倦怠。

在美国这样一个人一生可以多次自由选择职业的国家，是什么让雷夫老师在第 56 号教室里始终如一地创造奇迹呢？从今天上午他的演讲以及现场他与他人的对话中，我了解到他不仅是一位教师，更是一位学生研究者。他的教育教学智慧不是上级培训出来的，而是向一届又一届学生学来的。

研究，是雷夫激发职业激情的起点，是雷夫乐此不疲做下去的动力。

在中国，几乎所有学校都积压和存在着一些问题与矛盾。玉泉小学也不例外，我来到后遇到了许多从来没有见识过的问题和事情。见我天天乐呵呵的，一位同事就问我："在这儿做校长，有这么多难题，您不觉得累吗？我看您永远不发愁！"我笑了，告诉她："在这儿我很幸福，因为我整天都在研究：这些问题在我以前办过的多所学校里都没有遇到过，为什么在这儿出现了？一个人处于研究状态时，其实是感觉很有意思的。"

今天下午我与张斌博士参加了语文学术委员会研究课的讨论，会后我与一位老师交流。虽然这位老师在讨论时没有发言，但由于她有所研究，所以与我交流时她竟谈了很多，谈得很深。我们的研究课，其实在悄悄地改变着老师的心智模式。

如果班里忽然来了三个学生，他们或者有行为问题，或者有心理问题，或者有学业问题，班主任该怎么办？一种态度是，这三个小家伙还不把班级搅乱了？还不影响考试成绩？真倒霉，真倒霉呀！工作压力骤然加大，吃饭不香，睡眠不好，心情焦虑，到处发脾气，埋怨学校、家长、学生……还有一种态度是，啊，太好了！学校又给我送来了三个研究对象，我要分析他们表现出来的问题，分析造成这些问题的原因，协同家长的力量，借助专家的方法，提出干预策略，一个学期后让他们变好……

生活告诉我们：永远没有称心如意的工作。研究吧，这是我们获得人生幸福的因子！

感谢生活

美国前总统乔治·沃克·布什在自传里回忆了从小到大的成长历程，以及在当总统的 8 年艰难岁月里遇到的关键事件和人物。那年大选，计票结果显示布什仅仅比副总统和对手戈尔多 200 多票。戈尔认为计票有误，其律师团队起诉要求重新计票，结果戈尔反比布什多 200 多票。但联邦最高法院以 4∶3 的票决判定第一次计票结果有效，所以布什当选美国第 43 任总统。布什说：“不论当选还是落选总统，都应该感谢生活，让我在有限的人生岁月里去品味世界的美丽。”

据说，德国小朋友上幼儿园的第一课就是学下面这首儿歌。

> 感谢太阳，给了我们温暖；
> 感谢土地，给了我们粮食和水；
> 感谢空气，能够让我们呼吸；
> 感谢世界万物，与我们同命运；
> …………

的确如此。是万能的自然养活了我们，是人类社会让我们活得有价值。我们如果不知道感谢自然、感谢他人、感谢生活，就不会获得幸福。

然而遗憾的是，我们更容易以自我为中心，根本不顾及他人。我们往往一边乱扔垃圾，一边嫌环境不好；一边拿工资，一边抱怨发工资的人……

北京上周一直阴天。今天早上，我推窗向西望去，看到天高云淡，灿烂的阳光照着西山群，显出京西秋日的美丽景致。这时跳入我脑海的第一句话是：感谢北京，感谢秋天，感谢灿烂的阳光，感谢今天是一个好日子……

让我们学会感谢。

感谢空气，感谢粮食和蔬菜，感谢水，感谢阳光，感谢房屋……没有这些，我们就不能生存。

感谢父母，给我们以生命；感谢老师和同学，让我们快乐成长；感谢朋友，给我们以友谊；感谢爱人，给我们以温情；感谢同事，给我们一个相处的机会；感谢身边匆匆走过的人，给我们以丰富的世界……

我还要感谢我的老师们，他们给了我帮助和支持；感谢孩子们，他们给了我工作的动力和幸福；感谢家长们，他们给了我办好学校的支撑力量。

我们设计了一个感恩节，想让孩子们学会感恩父母，感恩老师，感恩自然，感恩身边的一点一滴；然后从感恩出发，去品赏生活，追寻幸福。

三

静悄悄的变化

作为四年级（2）班的助理班主任，今天下午公共选修课时间，我参加了班会。

班会由班主任张老师主持，讨论的主题是校园里的变化。

张老师穿着一袭飘逸的黛色裙子，气质优雅，一派淑女风采。她柔声细语，低眉浅笑，亲和力特别强，孩子们在她的引导下争先恐后地说着校园里的点滴变化，抒发自己对校园的情感。

这些孩子知道去年校舍安全加固之前的校园，也经历了今年暑假以来校园里发生的变化。我想，他们有资格来谈校园里的点滴变化。人是不能忘记历史的。也许几年后，新入学的孩子们仅仅能够见到美丽的校园，就不知道这些变化了。其实，这是教育的一种缺憾。所以，我觉得这个主题班会开得特别有价值。

孩子们提到了校园里的这些变化：

教学楼变了：楼体原来是暗红色的，现在是蓝绿白相间，比原来显得精神、素雅。

校门变了：原来是低矮的窄窄的校门，现在是白红相间、高大漂亮、宽敞明丽的新校门。门上写着“德如玉，智如泉”。一个孩子补充说：“今天早上一进门发现还有一个花坛，还有鱼缸，非常漂亮。”

操场变了：栽了一片大树，那两棵青松高大挺拔，老师希望我们的品格能像青松一样。墙上画满了各类运动图案，老师希望我们好好锻炼身体。

楼名变了：原来是南楼、北楼，现在是明德楼、厚德楼和崇德楼，老师希望我们美德如玉。

走廊变了：原来是白白的墙壁，现在两边是黄色的书架和宣传栏，书架上摆满了书。原来早上到校后同学们在教室里打闹，现在则是看书。

上课变了：每天下午有选修课，让同学们自由选择自己喜欢的课程，可以轻松一会儿，高兴一会儿。

英语课变了：来自加拿大的外教给我们上课，我们的口语更纯正了。

午餐变了：加了一块钱，比原来吃得好了，我吃得肚子圆圆的。

…………

今天上午，海淀区教委的督学来到我们学校。她感叹说："两个月没有来玉泉，校园又变了！"

我笑着说："您看到的是校园的变化，还有老师们、家长们和孩子们的变化。这是静悄悄的变化。还没有变完哪，要继续变下去。"

三
今天"遭袭"

去年3月21日，我到玉泉小学任校长，到今天正好一年。上周安排本周工作的时候，确定今天在公共活动时间举办一次"校长有约"活动，我要与全体教师分享一年来的历程、感想并向他们致谢。等给3月份过生日的老师们过完生日时，他们"剥夺"了我"校长有约"的权利，插播进一个节目：庆贺高峰校长来到玉泉一周年！

今天我到学校时就感觉气氛有些异样，许多老师拿着道具，见到我时他们还神神秘秘的。原来，我外出一周不在家，老师们准备“偷袭”我。他们精心做了准备——有主持，有演员，有观众，就是我不知道。

五年级级部主任刘老师主持，主持词写得很富有诗意，围绕着“峰”字做了一篇文章，她还制作了PPT，配上了我的一些照片，并配上音乐。然后，让我出乎意料的节目陆续登场。

一年级级部主任郭老师款款走到台前，她说：“高峰校长得到的从教育部到当地政府的各级各类称号很多，而我要代表玉泉全体教师给您发一个重要的奖项。”她很郑重地用一个托盘托来了两个相框，里面镶嵌着我跟全体教师的合影，上书五个红色大字——“玉泉好校长”。老师们给予了热烈的掌声。我说：“这是对我的最高奖励。但愿在我担任校长期间，不要把‘好’字换成‘坏’字！”

接着是二年级级部主任杨老师上场，她深情地回忆了一些生活片段，譬如，情人节校长送给每位女老师一朵红玫瑰等。

接着是三年级级部主任白老师上来，她抱来一束鲜花，说：“79朵红玫瑰代表我们全体女教师，22朵黄玫瑰代表全体男教师，中间这支高耸的百合花，就是校长，让我们紧紧地团结在一起！”上面插着一个牌子，牌子上写着：“一周岁纪念。”

最后，是六年级级部主任张老师上场，她专门为校长创作了一首诗。她们六位主任深情地朗诵了这首诗。当张老师读到“当我们的亲人去世时，总有您陪伴我们的身影”（大意如此）时，我知道，那是她父亲去世时，我们跑到她的顺义老家，和她一块儿为老人送行。虽然这首诗不乏过誉之处，但写的都是实事和我们的经历，都是真情实感。

在“遭袭”的过程中，我的泪水几次要滚落下来。

故事还没有结束。大会之后，要开一个中层会，部室的主任们“串通”起来，借机又送给我一束鲜花。但他们告诉我，这束鲜花是送给我爱人的，因为她是一个优秀的“饲养员”，间接为我们玉泉做出了贡献！

今天，是我来到玉泉小学一周年的日子。能够赢得老师们的肯定和赞誉、支持和帮助，对我而言，就已经心满意足、幸福满满了。天底下，几人有此福气？！

三
心好月圆

年年月相似，岁岁人不同。

小时候中秋的月，是悬挂在乡村树梢上的，它慢慢升起，在散开的炊烟里摇曳、沉醉，在牲口的叫唤声中圆润、白亮。等到村子安静下来时，月亮爬高了，圆圆的、白白的、暖暖的，像母亲温柔的手抚摸这村庄、这院落、这草垛、这人。每家的葡萄架下，都围坐着老老少少，切分那几个月饼和鸭梨，分享着生活的清苦和日子的艰难。但每个人的心间都像挂起月亮一样，暖暖的、朗朗的，充溢着希望。月夜里的村庄和村庄里的人们微醺，那一轮明月如流水汩汩地流淌在村庄、院落、草垛上面以及行人的身上。吃过晚饭，这中秋夜，连同这圆圆的月，就是孩子们的世界了。孩子们赤着脚板，在月影里奔跑，像父辈一样说着粗话，吆喝着，追逐着，搅碎了山野的满目宁静……

年轻时候中秋的月，常常是在离开故土的杂乱里升起来的，我甚至常常忽略了月的圆润与白亮，也时时忘记她那温柔的一瞥和那轻轻的抚摸。因为我们长大了，工作忙碌，身心疲惫，感觉中秋的月披上了一袭迷茫的长衣。静下来的时候，在城市的小树林里独步，满耳的嘈杂和满目的碎光常常搅乱了我心中的静谧与神往，无法勾起心底的幻境和纯粹，甚至连方向都错位了，举头望月，我只看到了她皎洁的傻样子。有时候，我寻个理由回到故乡陪母亲过节，酒后邀几个朋友沿着小路在田野里漫步，脱下月神那一袭长衣，欣赏那满心的宁静……

今日的中秋之夜，我是看着月亮从高楼丛中升起的。京城的天气不好，一层薄薄的雾气氤氲着，影响着明月，也影响着看月人的心态。南面的莲石东路上车水马龙，在这秋月里，也不知道人们究竟在忙碌什么。这个没有章法的月夜有些凌乱，也有些浮躁。走出家去，在高高的楼缝里，我看到月那皎洁的样子，那份圆圆的、白白的、暖暖的感觉尚在，心里不免涌出许多人生和世事的感慨。其实，月还是那月，还是那样圆润，还是那样白亮，还是那样温柔，变来变去的是我们的心境，是它让心灵小巷遽然丢掉了那份宁静……

花常开，月常新，花好月圆。

踽踽地走过那巷子，请弯腰捡起那份宁静——心好也月圆呢！

“幸福教育”花落谁家

山东省教育厅的一位老朋友陶总给我打电话，说青岛某小学的校长找他，请他帮助介绍加入我们的幸福教育联盟。前几天接到辽宁省丹东市新安小学马校长的邮件，我与他素昧平生，远隔千里，到他们学校的网站上浏览了一下，发现他们也在做“幸福教育”，并且在寒假里组织老师们阅读了拙作《幸福在心》，还写了许多随笔。今年春天，陆续有校长朋友从全国各地来玉泉小学参访，交流幸福教育。

2003 年，我到上海参加双语教学会议，在华东师范大学的一家小书店里购到了刘次林博士的《幸福教育论》，那时他在上海师范大学教书。虽然他的《幸福教育论》是德育研究体系，据他自己讲，为了完成这篇《幸福教育论》博士论文，他痛苦得差一点儿“跳楼自杀”。我们沿着幸福教育的话题聊下去，思维如泉涌，如上海师范大学旁边那条小河。从那时起，他在上海研究“幸福教育”，我在山东实践“幸福教育”。

后来，刘次林博士到上海师范大学第二附属中学做校长去了，我也从山东调到了北京。然而，“幸福教育”之花一旦盛开，就花香四溢。于是，就有了更多校长在研究和践行“幸福教育”。

“幸福教育”，是发现、探索和寻找教育原生态的教育。

蒲公英是渺小的，没有人养在家中。春风吹荡，飘飘洒洒，漫山遍野，飘满淡淡的清香。

“幸福教育”花落谁家？愿开遍四野！

后记

幸福教育之路很漫长

从乡村走到京城，我用了近 30 年的时间。

20 世纪 60 年代初期，我出生在沂蒙山区的一所小学校里。那时，父亲是一位小学教师。后来，我随父母回到了高密西乡，度过了无忧无虑的童年。恢复高考制度后，我开始挑灯夜战，拼命读书，为的是逃离贫穷的农村，走到城市端上“铁饭碗”。1982 年我考上大学，读中文系，圆了一个做文学青年的梦想。在大学里，我轰轰烈烈地组织了“柳丝文学社”并发表文学作品，毕业后以选调生的身份被分配到国有大型企业——胜利油田教育机关工作，在人事组织部门和办公室等部门悠闲地工作了 16 年之久。

有一次到北京石油部开会，我向一同前往的领导郑重地提出，想离开机关到学校做校长，实现自己的一个梦想——办一所让老师和孩子们喜欢的学校，让孩子们不再为应试教育而痛苦不堪。2001 年 9 月，我到山东省胜利油田第四小学担任校长，从基础学起、做起，一点儿一点儿地建构幸福教育体系，一步一步地改造学校。2002 年我们接收了隔壁的一所学校，创办胜利油田黄河双语学校，突破了传统的办学模式、管理体制和课程设置，使这两所学校很快声名鹊起，成为优质教育学校。2007 年，潍坊市坊子区的书记、区长前来参访，当即决定邀我去创办潍坊市北海双语学校。经过组织之间的互动与协调，我被借到潍坊兼做校长。从无到有，从小到大，现在，北海双语学校已经是一所非常优质的九年一贯制学校了。2009 年，当地政府为我成立了幸福教育研究中心，将 6 所（后来增加到 12 所）农村乡镇驻地的小学纳入幸福教育联盟，然后开始“复制”幸福教育范式，走出了一条在财政薄弱地区实现教育均衡发展的新路子，得到省、国家教育部门的肯定，并被作为典型推广。

2010 年 12 月我被调入北京，转过年的 3 月赴海淀区玉泉小学上任。

我来北京的想法很简单，就是想把自己 10 年来的探索和幸福教育范式再次“复制”，把自己的梦想扩展到更大的舞台上。一年过去了，玉泉小学的校容校貌发生了变化，课程与课堂发生了变化，干部与老师发生了变化，自然，孩子也发生了变化。当然，这些变化还不尽如人意，但只要我们老师、家长按照《北京玉泉小学发展纲要》提出的愿景和“九年发展路径”坚定不移地走下去，我们一定会建成一所“学生向往、教师幸福、社会满意”的学校。

我知道乡村学校和地方学校办学的难处。我常常说，在首都的学校当校长，有政府为我们创设良好的办学空间，学校拥有足够的办学经费，拥有一支敬业、认真、扎实、能干的教师队伍，拥有上千个聪明活泼的学生和丰富的家长资源、社会资源，我们怎么能不办出一所优质学校来呢？

当然，梦很长，路途也迢迢。我愿一步一步地走下去，倾听那幸福花开的天籁。

2012 年 7 月 15 日于北京秀雅斋，2019 年 11 月 26 日修订

图书在版编目（CIP）数据

重新发现学校 / 高峰著. —北京：中国人民大学出版社，2020.6

ISBN 978－7－300－28144－5

Ⅰ. ①重… Ⅱ. ①高… Ⅲ. ①中小学教育—研究 Ⅳ. ①G63

中国版本图书馆 CIP 数据核字（2020）第 087123 号

重新发现学校

高　峰　著

Chongxin Faxian Xuexiao

出版发行	中国人民大学出版社		
社　　址	北京中关村大街31号	**邮政编码**	100080
电　　话	010－62511242（总编室）		010－62511770（质管部）
	010－82501766（邮购部）		010－62514148（门市部）
	010－62515195（发行公司）		010－62515275（盗版举报）
网　　址	http://www.crup.com.cn		
经　　销	新华书店		
印　　刷	北京东君印刷有限公司		
开　　本	155 mm × 230 mm　16 开本	**版　　次**	2020 年 6 月第 1 版
印　　张	14　插页1	**印　　次**	2020 年 6 月第 1 次印刷
字　　数	180 000	**定　　价**	58.00 元